そうだったのか、新宿駅

乗降客数世界一の駅の140年

西森　聡
Nishimori Sou

交通新聞社新書　135

そうだったのか、新宿駅――目次

第1章　南豊島郡角筈村字渡邉土手際
近世～1926年頃【江戸・明治・大正時代】

第2章　焼け跡・闇市から戦後復興へ
1926年～1959年頃【昭和前期】

第３章　高度経済成長期の光と影
１９５７年頃～１９８７年【昭和中期～後期】

第4章　東西自由通路開通で新宿駅はどう変わる?
1987年～近未来【昭和末期～平成～令和】

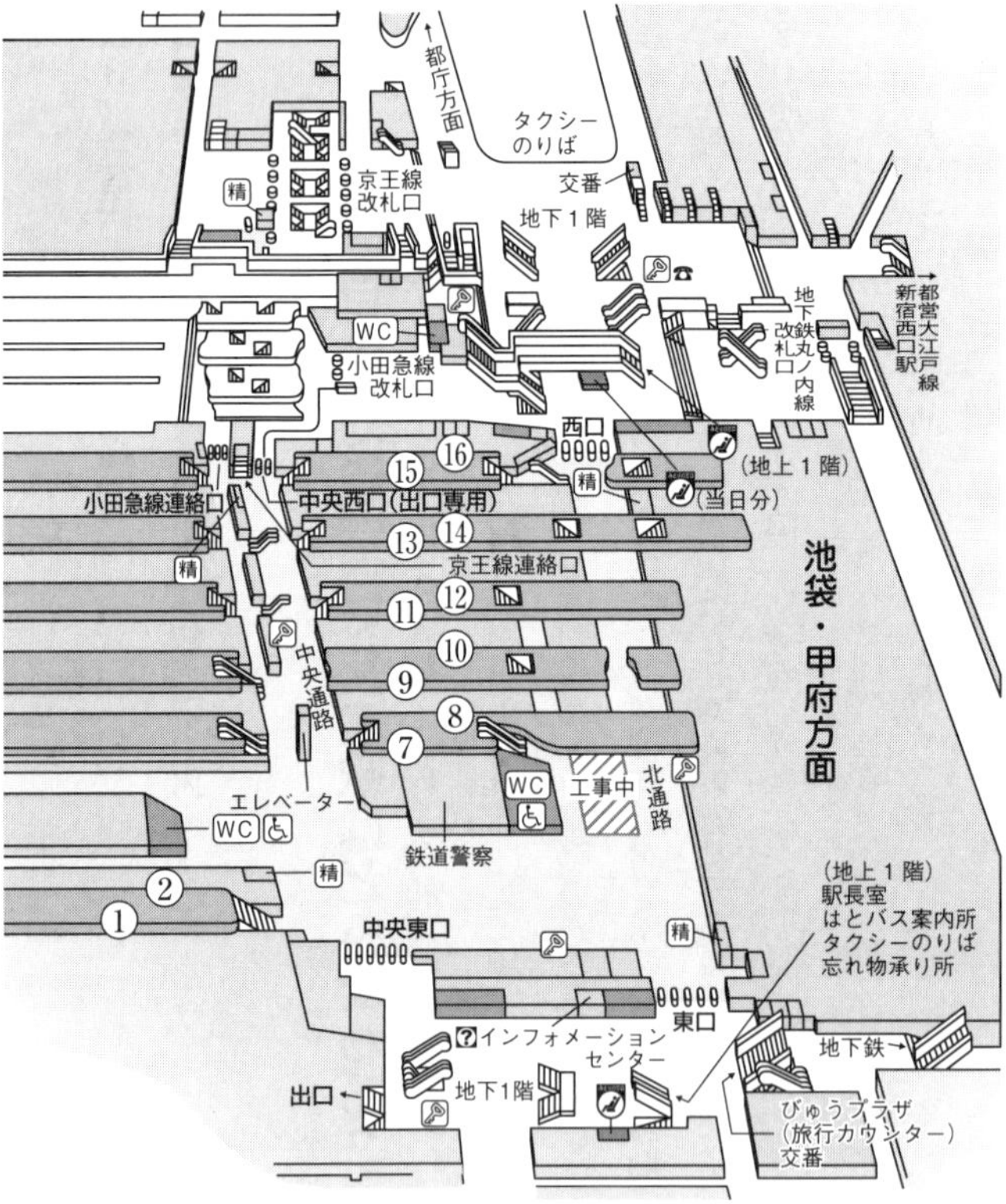

⑬…中央線・総武線(各駅停車)〈御茶ノ水・千葉方面〉

⑭…山手線内回り〈渋谷・品川方面〉

⑮…山手線外回り〈池袋・上野方面〉

⑯…中央線・総武線(各駅停車)〈三鷹方面〉

第5ホーム(⑨・⑩番線)は中央本線特急
第6ホーム(⑪・⑫番線)は中央線快速(下り)
第7ホーム・⑬番線は中央緩行・総武線(上り)、⑭番線は山手線(内回り)
第8ホーム・⑮番線は山手線(外回り)、⑯番線は中央緩行・総武線(下り)

図1　新宿駅構内図　出典：『ＪＲ時刻表』2019年7月号

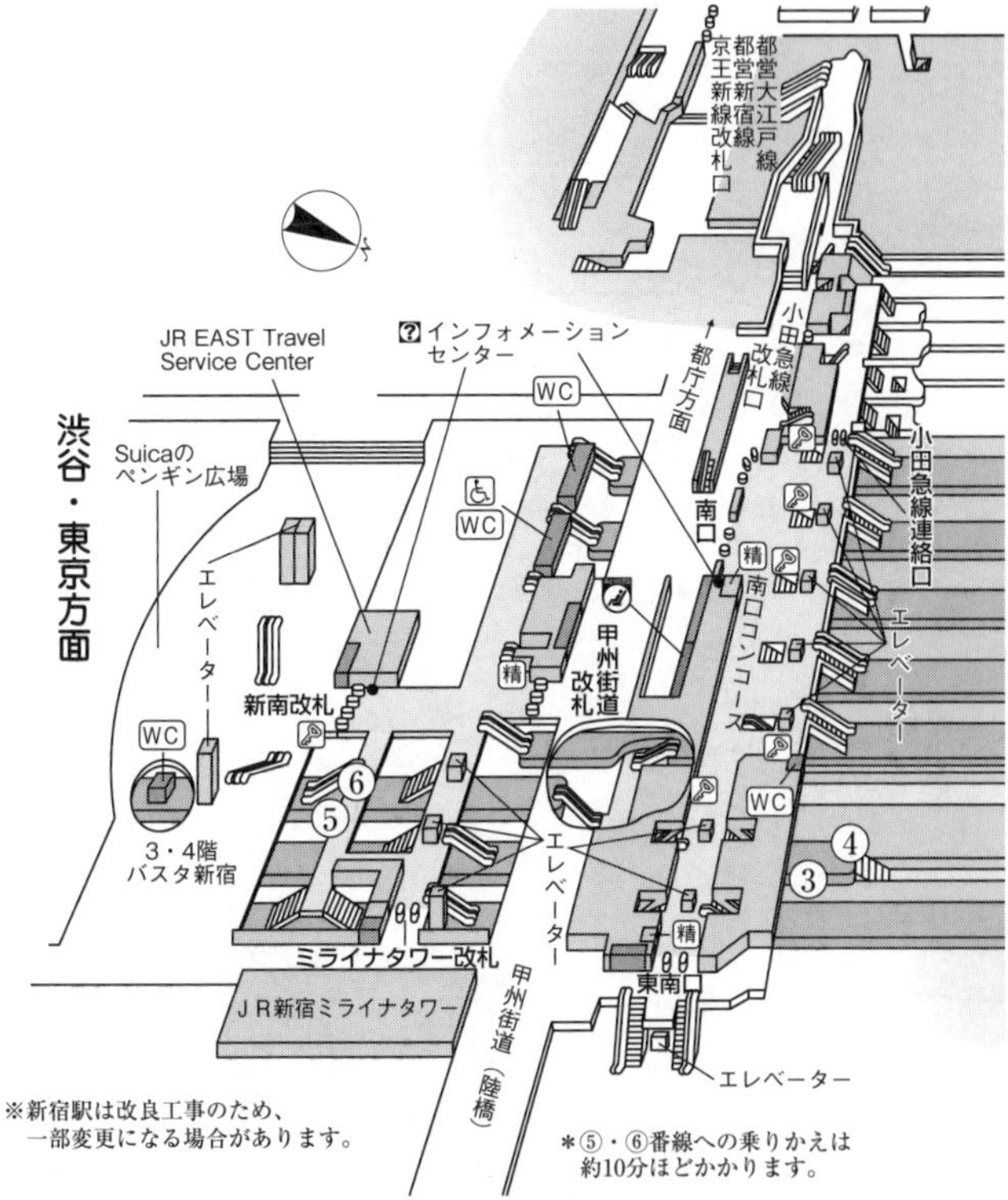

のりば

①…埼京線
②　湘南新宿ライン

③…〈東海道本線・横須賀線・
④　東北本線（宇都宮線）・高崎線方面〉

⑤…〔成田エクスプレス〕
⑥

⑦…中央本線
⑧　中央線（快速）〈東京方面〉

⑨…中央本線特急
⑩

⑪…中央本線
⑫　中央線（快速）〈高尾方面〉

ホーム

第１ホーム（①・②番線）は埼京線と湘南新宿ラインの主に南行き
第２ホーム（③・④番線）は埼京線と湘南新宿ラインの主に北行き
第３ホーム（⑤・⑥番線）はN' EX、東武線直通特急などの特急ホーム
第４ホーム（⑦・⑧番線）は中央線快速（上り）

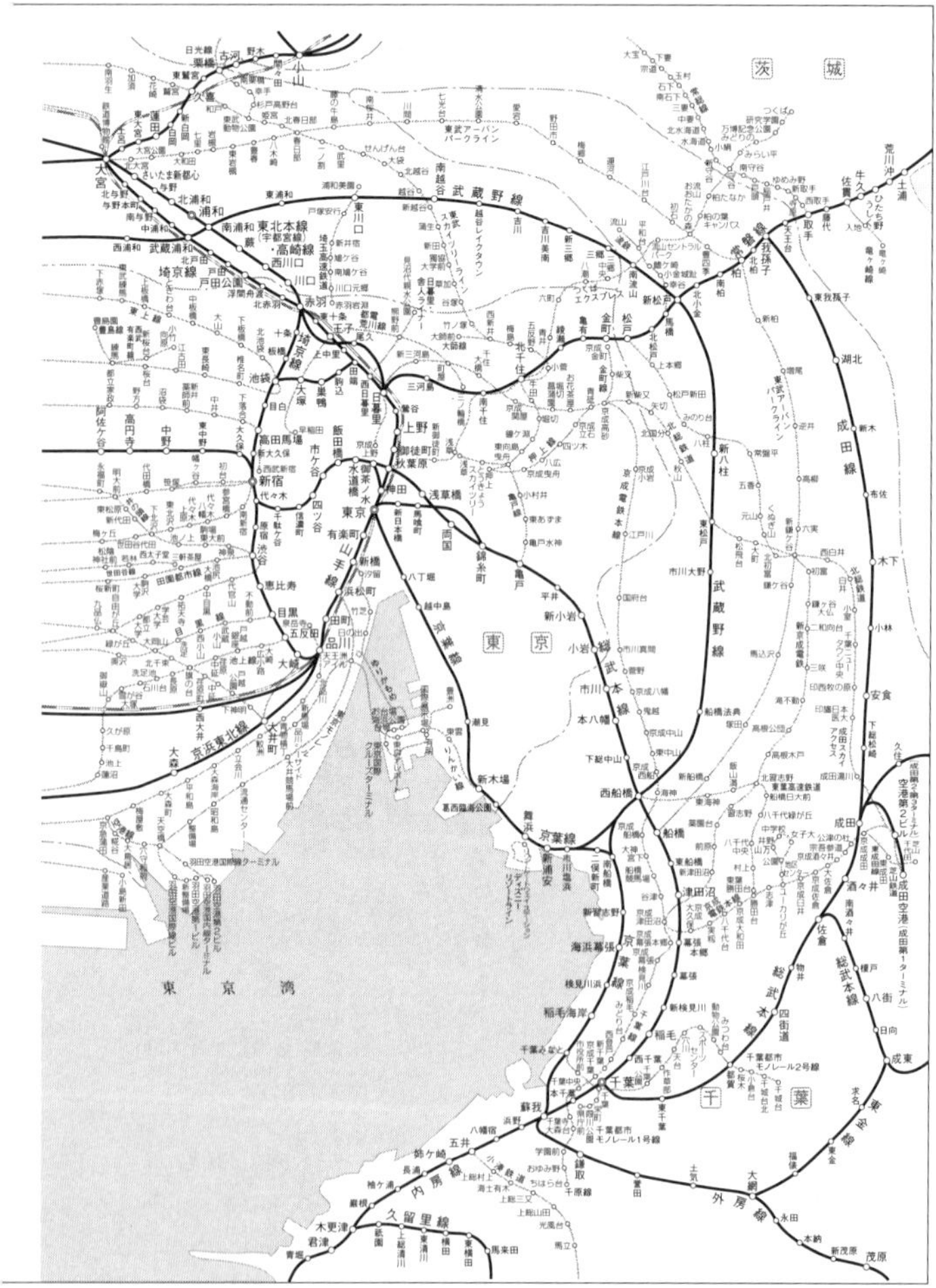

茨城
東京
千葉
東京湾
東北本線（宇都宮線）・高崎線
埼京線
武蔵野線
山手線
京浜東北線
京葉線
総武本線
成田線
常磐線
内房線
外房線
久留里線
東金線
大宮
浦和
南浦和
武蔵浦和
赤羽
池袋
新宿
渋谷
恵比寿
目黒
五反田
大崎
品川
田町
浜松町
新橋
有楽町
東京
神田
秋葉原
御徒町
上野
日暮里
西日暮里
田端
巣鴨
大塚
高田馬場
代々木
四ツ谷
市ケ谷
飯田橋
水道橋
御茶ノ水
両国
錦糸町
亀戸
平井
新小岩
小岩
市川
本八幡
下総中山
西船橋
船橋
津田沼
幕張
稲毛
西千葉
千葉
蘇我
新木場
舞浜
新浦安
海浜幕張
松戸
新松戸
南流山
北小金
南柏
柏
北柏
我孫子
天王台
取手
佐貫
牛久
新八柱
東松戸
市川大野
船橋法典
成田
酒々井
佐倉
物井
四街道
八街
成東
東金
大網
茂原
五井
姉ケ崎
木更津
君津

図２　東京付近路線図　出典：『ＪＲ時刻表』2019年7月号

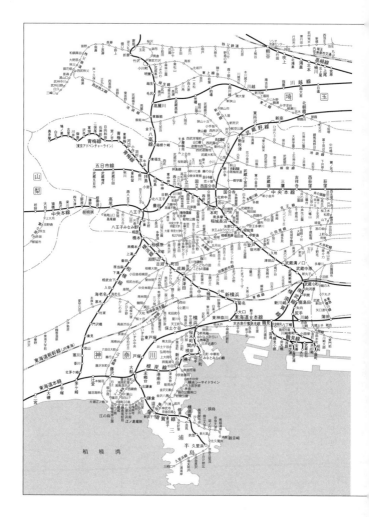

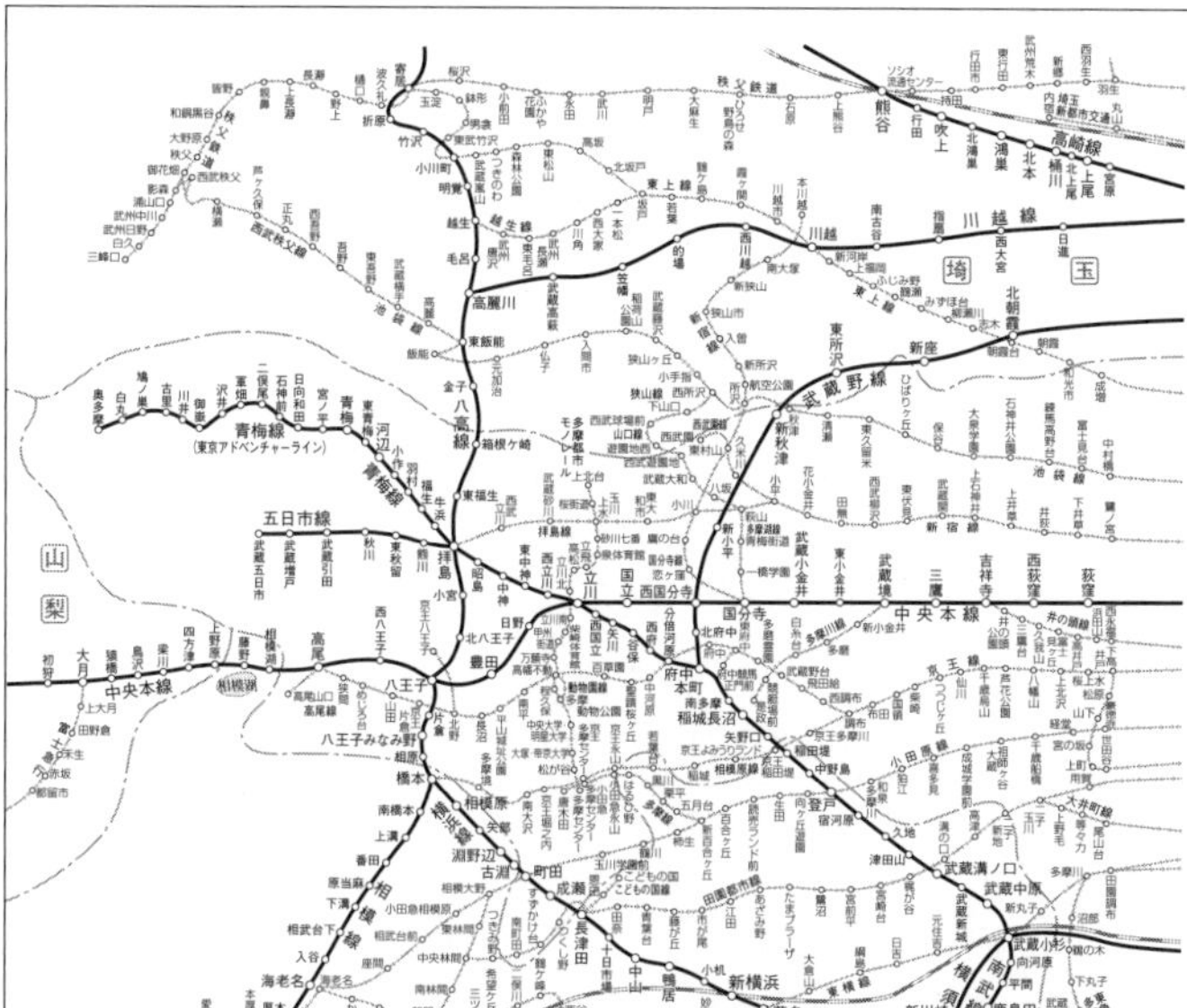

序章

新宿駅とはどんな駅なのか?

村上春樹『色彩を持たない多崎つくると、彼の巡礼の年』の新宿駅

新宿駅といえば、すぐに思い出す小説がある。村上春樹の『色彩を持たない多崎つくると、彼の巡礼の年』だ。多崎つくるは鉄道会社に勤務し、駅をつくることを生業にしており、ＪＲの新宿駅を眺めるのが好きだった。

物語の最終章は新宿駅の描写から始まる。

「新宿駅は巨大な駅だ。一日に延べ三百五十万に近い数の人々がこの駅を通過していく。ギネスブックはＪＲ新宿駅を『世界で最も乗降客の多い駅』と公式に認定している。いくつもの路線がその構内で交わっている。」

新宿駅の複雑さについての言及があって、「まさに迷宮だ。」と続く。よくできた小説がそうであるように、この新宿駅のくだりでも、事実と虚構、巧みな比喩が織り交ぜられている。「世界で最も乗降客の多い駅」は事実、「まさに迷宮だ。」は深い森に迷い込み、巡礼の途上にある多崎つくるの心象を映した表現だろう。あるいは「迷宮」は、駅の巨大さを端的に言い表したことばかもしれない。

というのは、新宿駅は巨大ではあるが、迷宮ではないからだ。必ず、外に出られる。そ

もそも駅の設計をしている多崎つくるが新宿駅で迷うことはないだろうし、多崎つくる以外の東京で暮らす人間も、新宿駅で迷うことはまずないだろう。

ＪＲであれ私鉄であれ、日本の駅の案内は過剰なほど親切である。文字情報が多く、ピクトグラム表示も色分けも行き届いている。構内放送もうるさいほどに多い。文字情報は新宿駅周辺に張りめぐらされた地下道にもあふれている。あちらこちらに詳細な地図がある。むしろ情報過多で、選択肢の多さにうんざりするほどだ。

新宿駅を迷宮と呼ぶなら、東京駅、大手町駅、栄駅、梅田駅などもみな迷宮ということになってしまう。もちろん、これらの駅を予備知識なしで初めて訪れる人は多かれ少なかれ戸惑いや疲れを覚えるだろうが、問題は複雑さではなく、駅の巨大さや、巨大さゆえの数（路線、ホームの数、列車、車両、編成、運行本数、改札、入口、出口、通路などのあらゆる数）の多さなのだと思う。

話は少し違うが、駅で迷うことの恐怖、ということであれば、渋谷駅や赤坂見附駅・永田町駅のような、坂の途中にある駅の地下道のほうが、不安感が増す気がする。階段やエスカレータを上り下りしているうちに、地上からどれくらい深いところにいるのかがわからなくなってくるからで、脱出しなければならない状況を考えると、広さよりも地下に潜る深さのほうが恐ろしい。

要するに、「迷宮」としての新宿駅を特別扱いする必要はないわけで、新宿駅について考えるときに重要なのは、「世界一の乗降客数」ということになるだろう（『多崎つくる』にも、「考えなくてはならないのは、そのようなすさまじい数の人々の流れをいかに適切に安全に導いていくかということだ。」とある）。

そこで、序章ではまず新宿駅のすさまじい「数」について把握し、検証してみることにしよう。

数字で見る新宿駅① 世界一の乗降客数

新宿駅の利用者はJR新宿駅の乗車客だけで1日約78万人。降車客を含めると、数字はおよそ倍になる。（**表1参照**）この数はあくまで改札口を通過した人の数で、改札内のJR線同士の乗りかえ客を含めると、数はさらに大きくなる。

私鉄各社は乗車と降車の客数を合わせて発表しており、私鉄で最大の乗降客数を誇る京王新宿駅が約80万人、小田急新宿駅が約52万人、東京メトロ新宿駅が約24万人、都営地下鉄2路線の新宿駅で約44万人、西武新宿駅が約18万人。

表1　2018年発表（2017年度）の新宿駅の乗降客数

※JRは乗車客数、私鉄各社は乗降客数

各社　新宿駅	
JR新宿駅	778,618人（ＪＲ全駅中１位）
京王新宿駅	797,387人（都営新宿線との直通人数含む、京王電鉄全駅中１位）
小田急新宿駅	521,160人（小田急電鉄全駅中１位）
東京メトロ新宿駅	236,657人（東京メトロ全130駅中６位）

東京都交通局　新宿駅（都営地下鉄線同士の乗りかえ客含む）	
新宿線	302,124人（京王線との直通人数含む、新宿線全21駅中１位）
大江戸線	142,296人（大江戸線全38駅中１位）

西武新宿駅	
西武線	180,884人（西武鉄道全駅中、池袋、高田馬場に次いで３位）

新宿三丁目駅（東京メトロ両線間の乗りかえ客含む）	
丸ノ内線	171,534人（丸ノ内線全28駅中６位）
副都心線	208,884人（副都心線全11駅中３位）
新宿線	73,148人（新宿線全21駅中８位）

表2　国鉄・JR新宿駅１日平均乗降・乗車客数

1885（明治18）年	36人
1890（明治23）年	386人
1895（明治28）年	1,003人
1900（明治18）年	1,928人
1905（明治38）年	2,815人
1915（大正４）年	4,684人
1920（大正９）年	14,358人
1925（大正14）年	40,061人
1930（昭和５）年	71,555人
1935（昭和10）年	66,230人
1955（昭和30）年	153,313人
1960（昭和35）年	296,817人

1965（昭和40）年	389,700人
1970（昭和45）年	472,841人
1975（昭和50）年	652,642人
1980（昭和55）年	625,707人
1985（昭和60）年	663,855人
1990（平成２）年	709,490人
1995（平成７）年	743,710人
2000（平成12）年	753,791人
2005（平成17）年	747,930人
2010（平成22）年	736,715人
2015（平成27）年	760,043人
2017（平成29）年	778,618人

表3　2018年発表（2017年度）のJR主要駅乗車客数

1	新宿駅（JR東日本）	778,618人
2	池袋駅（JR東日本）	566,516人
3	東京駅（JR東日本）	452,549人
4	大阪駅（JR西日本）	436,187人
5	横浜駅（JR東日本）	420,192人

6	品川駅（JR東日本）	378,566人
7	渋谷駅（JR東日本）	370,669人
8	新橋駅（JR東日本）	277,404人
9	大宮駅（JR東日本）	255,147人
10	秋葉原駅（JR東日本）	250,251人

ＪＲと私鉄を合わせると、新宿駅全体の１日あたりの乗降客数は約３５０万人になる。３５０万という数は、日本第２の都市、横浜市の総人口約３７２万人にはわずかに及ばないが、第３位の大阪市の総人口約２７０万人を軽々超えている。

なぜこれほど多くの人が新宿駅を利用するのだろうか。

駅について考えれば、多くの路線が集まるターミナルであること、路線間の乗りかえ客が多いであろうこと、特急「あずさ」や「成田エクスプレス」など、新宿駅を起終点とする高頻度列車が多数運転されていることなどが、まず思い浮かぶ。

路線について考えれば、ＪＲの中央線や埼京線、小田急線、京王線、西武線などの沿線に厖大《ぼうだい》な数の住宅地や団地があり、大学や高校、企業もあって、新宿駅に向かったり経由したりする通勤通学者——定期券利用者が相当数に上るであろうことに思い当たる。

では、新宿という街についてはどうか。高層ビル群、ホテル群、百貨店、大型量販店、老舗、有名企業体、歓楽街などを抱えたビッグシティであることは間違いない。実際、ＳｕｉｃａやＰＡＳＭＯなどのＩＣカードや切符で乗降する乗客も、定期券利用者と同じくらいいるという。

こうした諸要素が絡み合って新宿駅に大勢の人々が集まるようになった、と言ってしまえばことは容易いが、それでは「世界一」の検証には当たらないだろう。

そこで、第1章以下で新宿駅の歴史をたどり、なぜ新宿駅は世界一の駅になったのかを改めて考察してみることにしたい。

数字で見る新宿駅②　「新宿」という駅はいくつある？

駅名に「新宿」を冠する駅の数は、どれくらいあるのだろうか。

新宿駅にはJR東日本各線（山手線、中央線、中央緩行・総武線、埼京線、湘南新宿ライン）の新宿駅のほかに、

小田急電鉄小田原線新宿駅
京王電鉄京王線新宿駅
東京メトロ丸ノ内線新宿駅
都営地下鉄新宿線新宿駅
都営地下鉄大江戸線新宿駅
西武鉄道新宿線西武新宿駅

図3 〝新宿〟の名前がつく駅（新宿市街図）

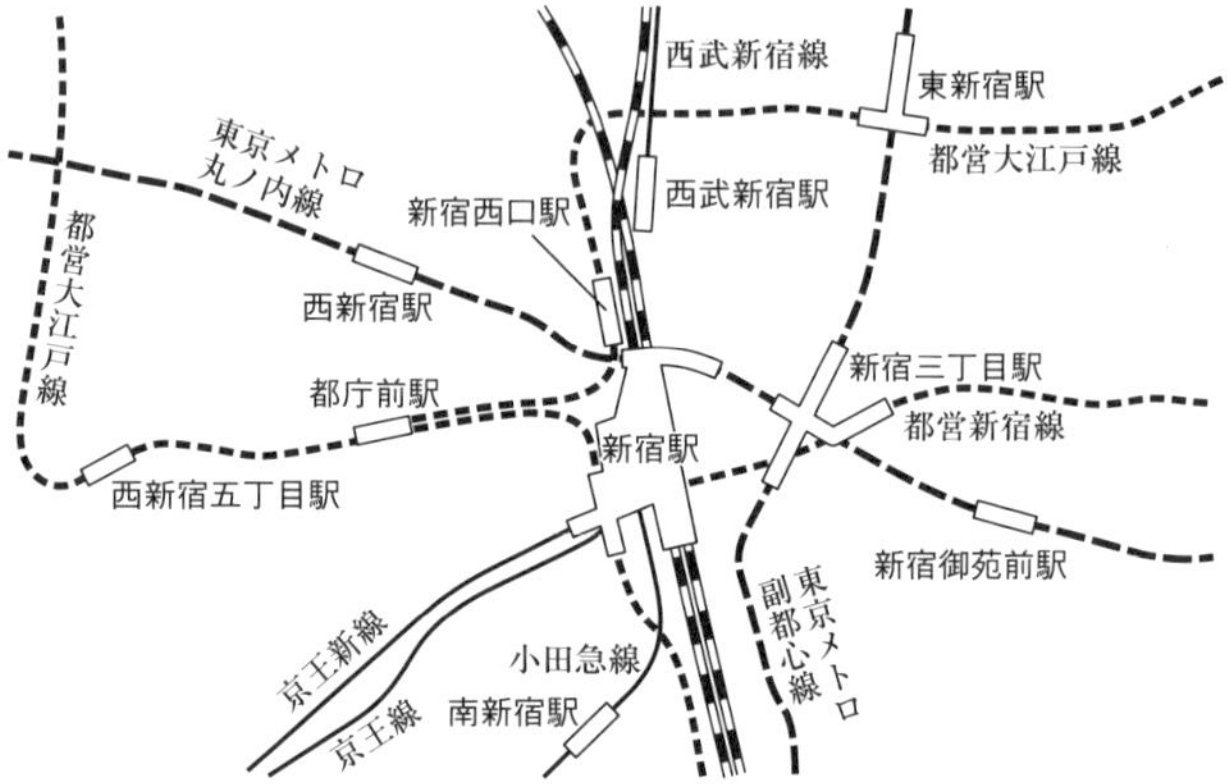

がある。ほかに、

小田急電鉄小田原線南新宿駅
東京メトロ丸ノ内線・副都心線、都営地下鉄新宿線の新宿三丁目駅
丸ノ内線の新宿御苑前駅と西新宿駅
副都心線と都営地下鉄大江戸線の東新宿駅
大江戸線の西新宿五丁目駅と新宿西口駅

以上が「新宿」が付く駅だ。新線新宿駅は京王線新宿駅の4～5番線で、都営新宿線の新宿駅であるので、カウントしない。とすると（どう数えるかにもよるが）、「新宿」が付く駅は14ということになる。

「新宿」は付かないが、大江戸線の新宿駅、新宿西口駅、西新宿五丁目駅に囲まれた都庁前駅も新宿駅グループの一員と言えるだろう。

これらの「新宿駅」のうち10駅は地下道で結ばれているので、全体が「新宿」というひとつの大きな駅の構内のようにも思える。

ほかの「新宿」駅と連絡していないのは、南新宿駅、新宿御苑前駅、東新宿駅、西新宿五丁目駅の4駅である。それぞれ新宿の南、東、北、西に位置していて、住所表示で言えば新宿区大久保や西新宿、渋谷区代々木などになるのだが、この4駅に囲まれたおよそ2キロ四方が、概念としての新宿駅のテリトリーと見なしていいのではないかと思う。

数字で見る新宿駅③　新宿駅から直行できる駅はどれくらいある？

新宿駅に乗り入れている路線、運転系統は、JR線では中央線、中央緩行・総武線、山手線、埼京線、湘南新宿ライン。私鉄では小田急電鉄小田原線、京王電鉄京王線、東京メトロ丸ノ内線、都営地下鉄新宿線と大江戸線。このほかに、西武新宿駅から西武鉄道新宿線が発着し、東京メトロ副都心線が新宿三丁目駅に乗り入れている。

これらの路線を使って、新宿駅から乗りかえなしでどこまで行くことができるか。逆に言うなら、どの駅からなら新宿駅まで乗りかえなしで行けるかを**図4**にまとめた。

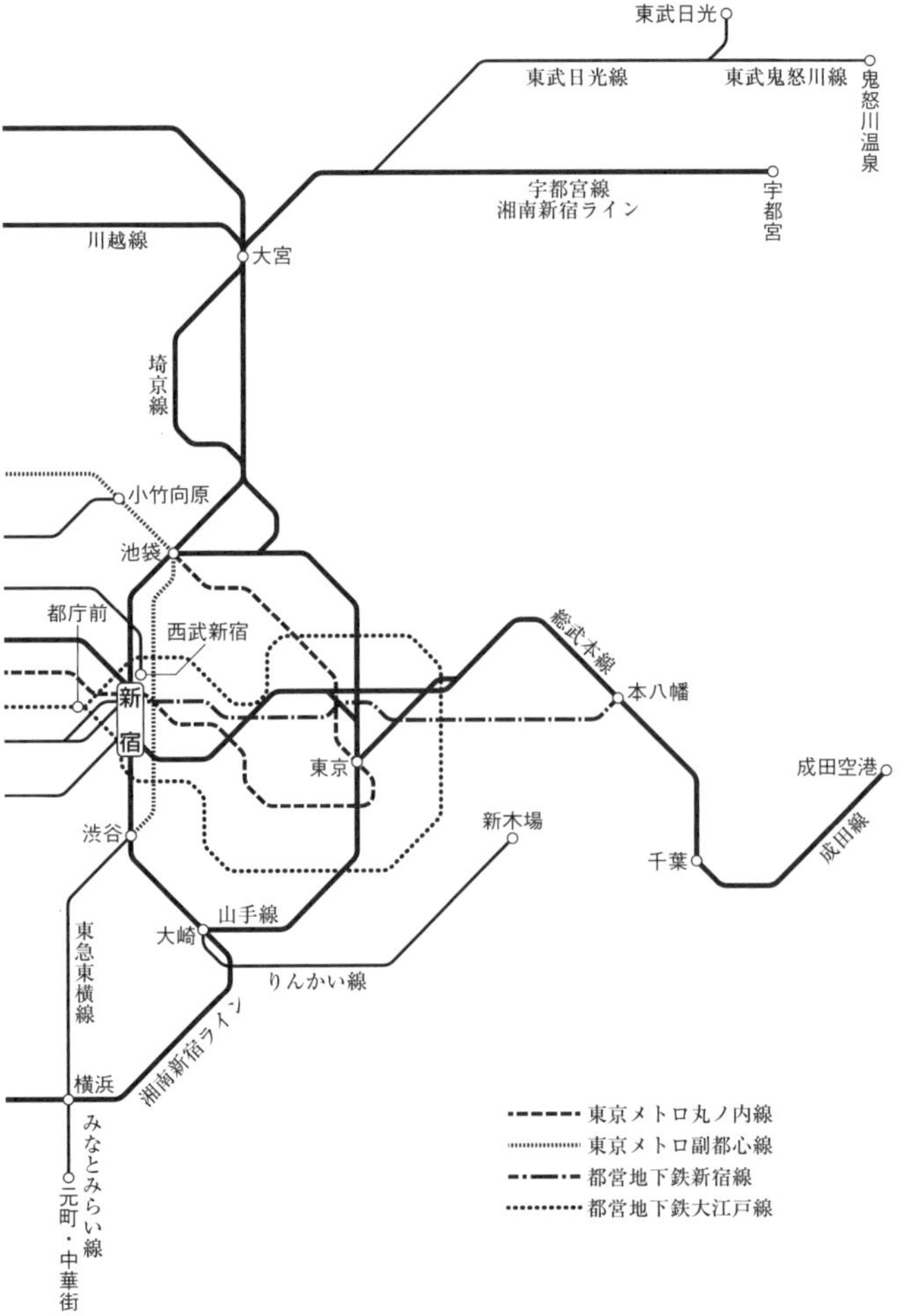
東武日光
東武日光線
東武鬼怒川線
鬼怒川温泉
宇都宮線
湘南新宿ライン
宇都宮
川越線
大宮
埼京線
小竹向原
池袋
都庁前
西武新宿
新宿
総武本線
本八幡
東京
成田空港
成田線
渋谷
新木場
千葉
山手線
大崎
りんかい線
東急東横線
湘南新宿ライン
横浜
みなとみらい線
元町・中華街
東京メトロ丸ノ内線
東京メトロ副都心線
都営地下鉄新宿線
都営地下鉄大江戸線

図４　新宿駅直通運転範囲図　※2019年7月時点

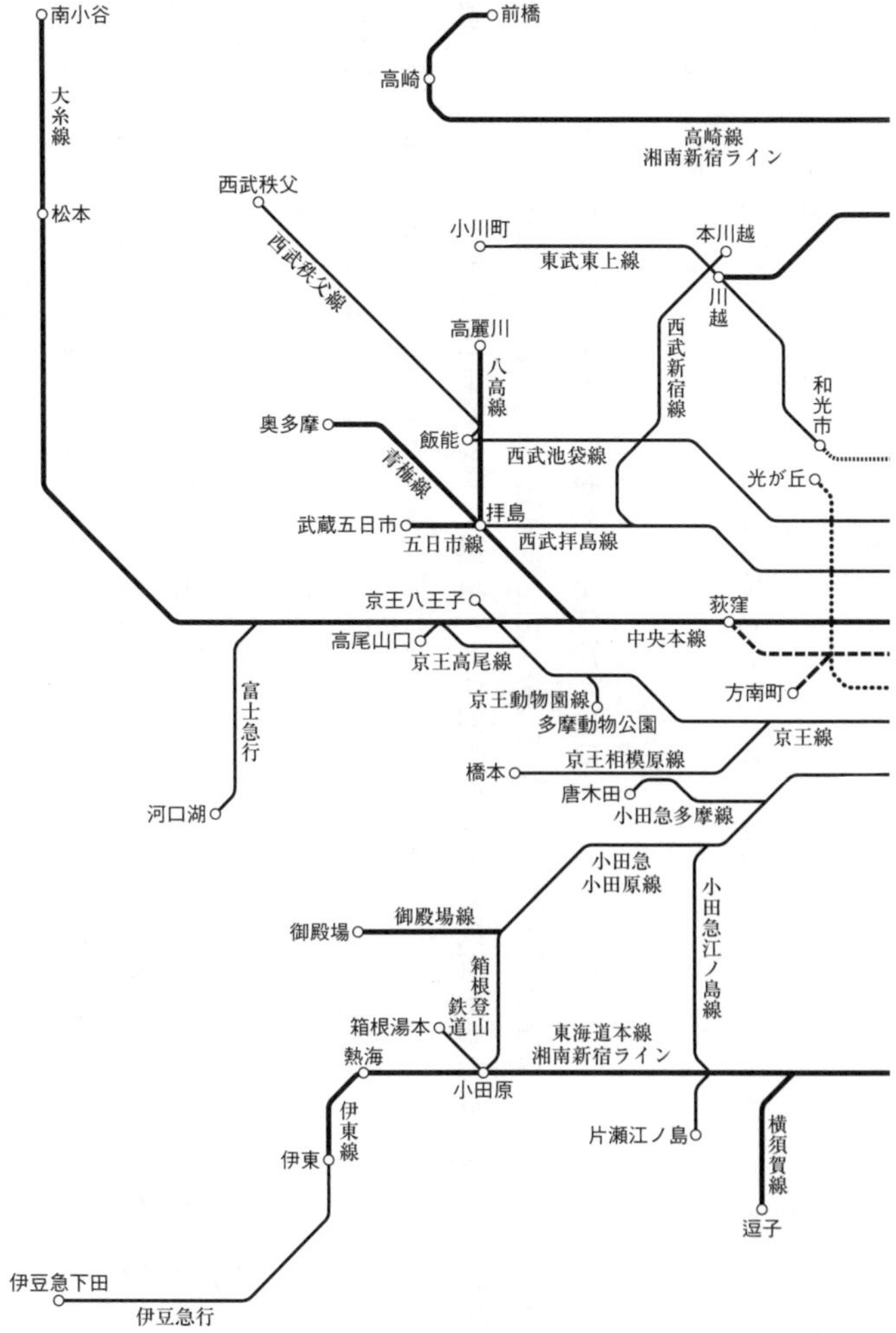

こうして見ると、新宿駅へは首都圏一円、信州や伊豆をも含む厖大な数の駅から直行で来られることがわかる。新幹線は乗り入れていないのに、実に使える。

これだけ路線数や運行系統が多いと、新宿まで複数のルートがある、いわゆる競合路線もかなりあり、到達時間や料金、列車種別、駅までの距離や改札口の位置など、さまざまな条件によって使い分ける（乗り分ける）余地が出てくる。いくつか例を挙げてみる。

たとえば新宿駅から川越へ移動する場合、

・JR埼京線新宿〜川越の直通利用
・JR山手線か埼京線で池袋まで行き、東武東上線に乗りかえ
・新宿駅から新宿三丁目駅まで歩き、東京メトロ副都心線〜東武東上線の直通電車を利用
・新宿駅から西武新宿駅まで歩き、西武新宿線で本川越駅（川越の旧市街に近い）へ向かう。場合によっては座席指定の有料特急「小江戸」に乗車

などのルートが考えられる。

川越観光が目的なら西武新宿線、通勤通学やビジネス目的なら速さや料金によって、適宜路線を選択することになる。

また、新宿駅から高尾山へ向かう場合は、ＪＲ中央線、京王電鉄京王線～高尾線の２択になる。高尾駅までの到達時間は中央線の特別快速が最速だが、高尾山に登る場合はケーブルカー乗り場に近い京王線高尾山口駅利用が便利で、運賃も安い。

神奈川県西部の藤沢や小田原へは、ＪＲ湘南新宿ラインか小田急線かという選択になる。藤沢や小田原からその先の江ノ島や箱根に向かうなら小田急が、茅ケ崎、平塚、逗子などの湘南エリアや、熱海、伊豆方面に向かうならＪＲ線経由が便利だ。

新宿サザンテラスのイーストデッキからJR新宿駅を望む　撮影：著者

数字で見る新宿駅
新宿駅にホームはいくつある？④

ＪＲの路線のホームは８面16線もあるが、すべて地上にある（**巻頭の構内図参照**）。

私鉄では、小田急線がＪＲ線の西側に隣接して地上と地下１階にホームを設けている。地上ホームは３面３線で２〜６番線が割り振られており、２番線はロマンスカー専用ホームだ。地下ホームは各駅停車専用で２面３線。７〜10番線が割り振られている。

京王線は笹塚駅で京王線と新線に分かれる。京王線ホームは小田急西側の地下２階に３面３線、新線は甲州街道の地下に１面２線あり、ホームの位置が分かれているのだが、京王線が１〜３番線、新線が4〜5番線と、番線は連番だ。新線ホームは都営地下鉄新宿線と共有している。

東京メトロ丸ノ内線は、ＪＲ新宿駅北側の地下通路メトロプロムナードの下に1面2線の島式ホームがある。メトロプロムナードを東に向かえば３００メートルほどで新宿三丁目駅に着く。新宿駅の荻窪側には引上線が設けられていて、朝のラッシュ時には新宿駅折り返し列車が設定されている。

都営地下鉄新宿線の新宿駅は、京王新線新宿駅とホームを共有。都営地下鉄大江戸線は新宿駅南口交差点の地下36・6メートルの深さに1面2線のホームがあり、京王新線新宿駅・都営地下鉄新宿駅の続きの6〜7番線になっている。

西武新宿駅は、靖国通り、大ガードの北側に高架の2面3線のホームがあり、2番線は特急「小江戸」と「拝島ライナー」用のホームだ。

さて総計だが、新宿駅全体のホームの数は21面34線。番線は2番線だけでも5カ所にあり、現在使用中の番線に通しナンバーを振ると、37番線まであることになる。

数字で見る新宿駅⑤　新宿駅に改札口はいくつある？

ＪＲ新宿駅には11カ所の改札口がある（巻頭の構内図参照）。

JRと小田急の南口連絡口　撮影：著者

いきなり余談になるが、新宿駅付近では甲州街道が新宿区と渋谷区の境になっているので、甲州街道を挟んで向かい合っている南口改札は新宿区に、甲州街道改札は渋谷区にある。改札口が11もあると、こんなこともある。

小田急線には、西口地上改札口、西口地下改札口、南口改札口の3カ所。ＪＲ線との連絡口が中央地下連絡口と南口連絡口の2カ所ある。

京王線には、京王西口、京王百貨店口、ルミネ口の3カ所と、広場口、臨時口という2カ所の出口専用改札口がある。ＪＲ中央西口に隣接してＪＲ連絡口もある。小田急線と京王線の利用者は、ＪＲ連絡口を通ってＪＲの東口や中央東口を使うことができる。

京王新線（と都営新宿線）は、京王新線口と新都心口の2カ所。

大江戸線は、新宿駅改札口とマインズタワー方面の2カ所（京王新宿駅、新線新宿駅、大江戸線新宿駅は改札内の連絡通路で結ばれており、相互に各改札口を利用できる）。

東京メトロ丸ノ内線は東口と西口の2カ所。西武新宿駅は正面口と北口の2カ所で、それぞれホームの両端に設けられている。

新宿駅（西武新宿駅を含む）全体の改札口の合計は27（出口専用を含む）、加えて連絡口が3つ。まさに凄絶と言うべきかもしれない。

では、これらの改札口は何時から何時まで使用されているのか。

新宿駅の終電は中央線下り三鷹行きの1時1分発、始発は中央線の上り東京行きの4時32分発だ。1時1分発の終電が定刻に発車することはほとんどなく、他線からの乗りかえ客や必死で駆け込んでくる乗客を待って5〜10分程度遅れることが日常だという。

終電車を送り出して構内の確認や点検が行われたのち、改札口のすべてにシャッターが下ろされて、始発電車が出発する15分ほど前までの間、駅はつかのまの眠りにつく。

数字で見る新宿駅⑥　新宿駅の工事はいつまで続く？

新宿駅はスペイン・バルセロナの世界遺産、サグラダ・ファミリア（聖家族教会）に喩えられることがある。サグラダ・ファミリアの工事は１８８２（明治15）年に始まった。新宿駅は１８８５（明治18）年に開業しているが、以来、双方とも１３０年以上も延々と工事を続けている。つまり、どちらもずっと未完成、という意味の喩えだろう。しかし、サグラダ・ファミリアにはアントニオ・ガウディが描いた完成図がある。ガウディの没後１００年にあたる２０２６年には竣工する予定とも伝え聞く。一方、新宿駅には完成図も完成形もない。２０２６年にも工事は続いていることだろう。

新宿駅の工事の歴史は、ひとことで言うなら「波瀾万丈」である。１章以下で詳述するが、開業まもなく甲武鉄道が乗り入れ、電車運転が始まり、２つの新宿駅が設けられたところからして波瀾含みであるし、駅舎も初代東口、２代目甲州街道口、３代目東口と転々とした。その間にも地下通路が設けられたり、小田急や京王が乗り入れたりした。やがて地下鉄が乗り入れ、西口に広場が設けられ、駅ビルが立ち並び、貨物駅が廃されて南口が設けられてと、絶え間なく工事が行われてきた。そして、時代の趨勢とだけは言い切れない複雑多岐な状況は現在も続いている。５年先の工事計画もすでに発表されており、１４０年に及ぶ歴史は途切れることなく続く工事の歴史と言い換えられるほどだ。

こうした展開を、初代の新宿駅を開業した日本鉄道の関係者は想像すらしなかったに違いない。線路を敷いて、駅舎を建てる、そこに汽車が停車する——そんなふうにシンプルに考えていたはずだ。

とはいえ実際のところ、現代でも「新宿駅の工事はいつまで続くのか?」という問いに答えられる人間はいないだろう。工事の種類が補修や改良、模様替えではないからで、20年後の新宿駅の姿ならある程度予想することはできても、１００年後の新宿駅の姿を想像することは、おそらく誰にもできない。それが新宿駅という存在なのだ。

ではなぜ、新宿駅はそのような存在になったのだろうか。別の言い方をするなら、なぜ新宿駅は永遠に工事を続けなければならない運命を背負うことになったのか。１〜４章では細かな事象を拾いながら、新宿駅という世界一の駅の有機性を探ってみたい。

第1章

南豊島郡角筈村字渡邉土手際

近世〜1926年頃【江戸・明治・大正時代】

江戸の宿場町だった頃

「新宿」という地名が初めて登場したのは、江戸に幕府が開かれてから100年近くが過ぎた1699（元禄12）年のことだ。この年に甲州街道に新たに開かれた宿場が「内藤新宿」と呼ばれることになった。

「内藤」とは信州高遠藩内藤家のことだ。現在の新宿駅東側に広大な下屋敷があり、甲州街道に面した内藤家の屋敷がある一帯は宿場町が開かれる以前から「内藤宿」と呼ばれていたが、幕府は公認の宿場町を開設するにあたり、内藤家の屋敷地を一部返上させた。

内藤新宿は四谷大木戸から追分の間、およそ1キロメートルにわたって設けられ、大木戸側から下町、仲町、上町に分かれていた。町の南には玉川上水が流れていて、さらにその南にはまだまだ広大な内藤家の屋敷地が広がっていた。

「大木戸」とは江戸市中に出入りする人や荷物をあらためる関所のことで、甲州街道出入り口の四谷大木戸は、現在の四谷四丁目交差点付近に設けられた。四谷大木戸には玉川上水の水番所もあり、江戸市中へ水を分配していた。余った水は渋谷川に流されていた。言うまでもないが、この大木戸の外に位置するということは江戸市中には含まれないということで、当時の新宿は江戸市外だった。新宿駅周辺が東京市内に編入されるのは、昭和に入ってからのことである。

仲町の大宗寺は内藤家の菩提寺、追分は甲州街道と青梅街道（成木街道）の分岐点で、現在の新宿三丁目交差点にあたる。

このような形で甲州街道に新たな宿場が開かれたのは、浅草阿部川町の名主、高松喜兵衛ら浅草商人が幕府に宿場開設の請願を行った結果だという。開設の理由としては、日本橋から甲州街道の最初の宿場の高井戸宿までは四里ほどあったため、旅人が不便をかこっていたこと、助郷《すけごう》を命じられていた日本橋伝馬町や高井戸周辺の村の負担が大きかったことなどが挙げられた。ただしそれは表向きの理由であって、実際には新たな繁華街を開いて利益を上げようという浅草商人の目論みだったという説が有力のようだ。高松喜兵衛らは５６００両もの上納金を納めて幕府の許可を得たそうで、５６００両は現在の貨幣価値でいえば10億円以上に上る。これだけの元手をつぎ込んでも十分に回収できると計算したのだろう。

実際、内藤新宿は岡場所（色街）として大いに繁栄し、それがために「風紀の乱れ」という理由で開宿からわずか20年目の１７１８（享保３）年、享保の改革の最中に廃止され

歌川広重（初代）画　『名所江戸百景』「玉川堤の花」　1856（安政3）年刊
所蔵：都立中央図書館特別文庫室

てしまった。廃止直前、旅籠は52軒あったが、その多くは飯盛女、茶屋女を抱えていたといい、幕府公許の遊郭、吉原からしばしば遊女商売取り締まりの請願が出されていたほどの繁盛ぶりを見せていた。

その後、たびたび宿場再開の請願が出されたが、幕府はこれを受けなかった。ようやく新宿の宿場町が再開されたのは、廃止から54年後の１７７２（明和９）年のことだ。

宿場再開後の新宿は以前にも増して栄え、19世紀初頭の文化年間には50軒の旅籠と80軒の引手茶屋が軒を連ねていた。単なる遊興歓楽地に留まらず、玉川上水沿いの花見、熊野神社や十二社《じゅうにそう》の納涼、紅葉、雪見など、江戸の文人墨客に好まれるところに新宿の特色があった。広重の錦絵『名所江戸百景』（『一立齋廣重　一世一代江戸百景』）で描かれた春の「玉川堤の花」は新宿御苑の正門あたり、夏の「角筈熊野十二社」は新宿中央公園の一角。いずれも新宿の風雅を今に伝える。

　ところで、駅とはそもそも街道に設けられた宿場のことをいった。宿場は律令時代から「宿駅」「駅家」とも呼ばれ、旅人に宿や食事を提供し、伝令に用いる馬や飛脚、人手、所によっては舟なども供給した。鉄道駅とは異なるものの、その意味では内藤新宿は初代の新宿駅といえるだろう。

新宿駅の誕生

　時代が明治へと移り、文明開化の世を迎えた１８７２（明治５）年９月12日（旧暦。太陽暦では10月14日）、新橋（のちに汐留、現在は廃止）～横浜（現・桜木町）間で日本初の鉄道が開業した。また、１８８３（明治16）年６月12日には日本鉄道の上野～熊谷間が開業した。

　富国強兵には欧米各国がもたらすさまざまな物資が必要で、それらを購《あがな》うために欠かせないものが、当時の日本の最大の輸出品、生糸と絹織物だった。北関東各地産の生糸は日本鉄道で上野に運ばれ、荷車に積み替えられて新橋に向かい、再び鉄道に積まれて開港場の横浜へ向かった。輸送量は年々増大し、日本鉄道と官営鉄道を連絡して積み替えの無駄を省くことが急務となった。その際、上野〜新橋間を直結する路線ができればいいのだが、上野〜新橋間は神田、日本橋など、東京で最も商家や民家が密集している地域であったため、建設はきわめて困難と予想された。そこで日本鉄道は、当時人口が希薄だった武蔵野台地の東端、東京市街地の西の外れに路線を建設して、赤羽と品川を結ぶことにした。

こうして1885（明治18）年3月1日、日本鉄道品川線と名付けられた路線、現在の山手線と赤羽線（埼京線）が開業した。開業時には板橋、新宿、渋谷の3駅が設けられた。板橋は中山道との、新宿は青梅街道や甲州街道との、渋谷は大山道、矢倉沢往還との、それぞれ交点に当たる地だった。これが新宿駅誕生の経緯だ。

開業まもない頃には現在のルミネエスト付近に小さな木造の駅舎があり、改札口に直結して片面ホームが1本、線路を渡ったところに両面ホームが1本設けられ、駅舎の南側には相当な広さの貨物駅が設けられていた。

2面3線というこの配線は、その後日本全国いたるところで見られるようになった構内配線で、のちには「国鉄形配線」とも呼ばれるようになった。片面ホームの先に貨物用ホームが設けられ、貨物ホームに面して問屋や倉庫、運送会社（昭和の時代、そのほとんどは日通、すなわち日本通運だった）があるのも典型的な構造で、新宿駅はその先駆け

初代新宿駅模型　所蔵：新宿区立新宿歴史博物館

だった。人は自分の足で歩けばいいが、荷物は運んでやらねばならない——それが初期の鉄道の使命だったのだ。

新宿駅の扱い貨物の多くは薪炭だった。ガスも電気もない時代、家庭では暖房にも料理にも炭や薪を使用しており、薪炭は生糸に次いで重要な貨物だった。駅開業当時、周辺には薪炭を扱う店が20数軒、石炭を扱う店が10軒ほどもあった。当時の薪炭問屋は、いわば東京電力と東京ガスを合わせたような、エネルギー供給の大元締めだったのだ。

駅には連日続々と栃木、群馬、山梨、奥多摩などの各地から薪炭を満載した貨物列車が到着した。一方、開業当時の品川線の旅客列車は1日わずか3往復の設定で、新宿駅の乗降客は1日平均36人前後、多い日でも50人ほどで、雨の日には乗降客0という日もあったという。明治の後半から大正時代にかけての話だが、今から考えると信じがたい数字だ。

紀伊國屋書店の創業者、田辺茂一の先代にあたる田辺鉄太郎も薪炭問屋を営んでいた。紀伊國屋の初代は紀州徳川家の足軽で、のちに材木問屋から紀州備長炭を扱う薪炭商に転身したといい、新宿駅開業の頃には今の紀伊國屋ビルから靖国通りにかけて、紀伊國屋の蔵がずらりと立ち並んでいたそうだ。

開業当時の新宿駅周辺は？

東、南、西の三方をビルに囲まれている現在の新宿駅は谷間の駅のように見えなくもないが、開設当時にはどのような風景が広がっていたのだろうか。

開設当時の新宿駅の住所は、「東京府南豊島郡角筈村字渡邉土手際」といった。土手とは玉川上水の土手のことで、現在の新宿三丁目の大部分がこの住所だった。

場所は内藤新宿の西の外れの青梅街道と甲州街道に挟まれたところだ。江戸時代には成瀬隼人正や間部下総守らの下屋敷があったが、大名や旗本の下屋敷、わずかな農家や町屋が点在しているほかは、茶畑や桑畑、雑木林が広がるばかり。しかも、明治になると拓けるどころか、ほとんどの屋敷は無人になって荒れ果てていった。

新宿駅開業から13年後の1898（明治31）年、国木田独歩の『今の武蔵野』（のちに『武蔵野』に改題）が刊行された。独歩が「武蔵野の詩趣を描くにはかならずこの町外れを一の題目とせねばならぬと思う。」と記した「町外れ」とは、道玄坂や行人坂、そして新宿だった。同じ頃、新宿駅の構内でキツネの親子が汽車に轢かれたという記録もあり、なるほど新宿は武蔵野であり、林だったのだと納得がいく。

それでも鉄道が開業してしばらく経つと、多少の変化は起こってきた。ただし、変化の方向は市街地の形成ではなく、荒廃した大名屋敷や宿場の郊外型活用という向きだった。内藤家下屋敷跡は農業振興を目的とした試験場を経て、１９０６（明治39）年に新宿御苑となり、戦後の１９４９（昭和24）年に一般に開放された。歌舞伎町一帯は、大村藩主大村氏の屋敷跡で、窪地の湿地帯だった。明治期には鴨場になり、１８９３（明治26）年の淀橋浄水場建設の際の残土で埋め立てられて、１９２０（大正９）年には東京府立第五女学校（現・都立富士高校中学校）が開校した。以降は官僚や軍人の高級住宅地として発展する。

時代が少し前後するが、１８８８（明治21）年、現在の新宿二丁目から靖国通りにかかる場所に広さ３０００坪の牧場が開かれた。これは掛け値なしの話で、新宿に牧場があったのだ。牧場の名は耕牧舎といった。創業者は渋沢栄一で、芥川龍之介の実父の新原敏三が実際の経営にあたっていた。龍之介も１９１０（明治43）年から１９１４（大正３）年までの4年をこの牧場の一角で暮らし、旧制一高へ通った。

やがて牧場の悪臭が問題となり、1913(大正2)年に「牧場は郊外に移転すべし」という警視庁令が出て、耕牧舎は廃業となった。牧場の跡地は「牛屋の原」と呼ばれた。1918(大正7)年には「内藤新宿の遊興施設はすべて牛屋の原に移転すべし」という警視庁令が出て、今につながる歓楽街新宿二丁目の成立と相なったのである。

甲武鉄道の開業と新宿

1889(明治22)年4月11日、甲武鉄道の新宿~立川間が開業し、新宿駅は2路線が交わる乗りかえ駅になった。のちの山手線と中央線の共同使用駅となったわけで、言ってみれば、この時点で現在の新宿駅の骨格が形成されたことになる。開業当時の中間駅は中野、境(現・武蔵境)、国分寺の3駅で、翌々年には荻窪駅が開業している。

甲武鉄道は、同年8月11日に当初の目的地であった八王子まで開業した。全路線の完成より4カ月早く立川までの部分開業を行ったのは、江戸時代以来の花の名所だった小金井堤の花見に間に合わせるためだった。「鉄道を利用すれば、小金井の桜も手軽に日帰りで楽しむことができる」という趣旨であり、旅客営業による売り上げ増を図りつつ、東京市民に甲武鉄道を認知させるという目的を兼ねていた。

しかし甲武鉄道も、もともとは貨物輸送を主たる目的として建設された鉄道だった。1870（明治3）年、玉川上水を利用して多摩地方の農産物などを市内に運ぶ舟運が開始されたが、東京市民の上水道として利用されていた玉川上水の水質悪化が問題視され、2年後には廃止されてしまう。そこで、物資の輸送需要を満たすために、当初は馬車鉄道、のちには鉄道の敷設が計画されて、甲武鉄道の開業となった。

甲武鉄道の輸送貨物としては八王子周辺の生糸や絹織物、多摩地区の薪炭、青梅・日向和田付近で産出される石灰石などが主たるところで、新宿駅は都内や横浜方面への貨物の中継地点として、じわじわと発展しはじめた。

では、旅客輸送はといえば、まだ微々たるもので、新宿～八王子間が1日わずか4往復という少なさだった。これには料金の高さも影響していて、乗客数は伸び悩んでいた。

当時の乗車賃は下等が1マイル1銭（昭和の初めまで、鉄道の距離はマイル表示だった）、中等は下等の2倍、上等は3倍に設定されていた。大まかな換算だが、明治中頃の1銭が200～250円見当とすると、新宿～立川間の下等運賃22銭は現在の5000円前後、上等料金66銭は15000円前後に相当する。現在の新宿～立川間の深夜タクシー料金は１３０００円前後になるが、それよりも高額だったのだ。

開業当時、甲武鉄道は１日１往復が新宿から日本鉄道品川線～官営鉄道に直通して新橋まで乗り入れていたが、自前で都心乗り入れを図り、１８９４（明治27）年10月９日に市街線新宿～牛込（現在は廃止）間が開業、牛込～八王子間で１日６往復、牛込～新宿間で１日６往復の運転を開始した。１８９５（明治28）年４月３日には飯田町（現在は廃止）まで延伸開業し、同年12月30日には新宿～飯田町間の複線化を行った。

電車運転が始まった

１９０３（明治36）年12月、東京市街鉄道（路面電車。通称街鉄、のちの都電）の半蔵門～新宿追分間が開業した。街鉄は料金が安く、運転本数も多く、接続する路線に乗り継げば、本郷、浅草、両国、日本橋、銀座、芝、赤坂見附など、当時の東京市中の主要な街に向かうことができて、使い勝手がよかった。おいおい解き明かしていきたいが、振り返ってみれば街鉄の登場が新宿駅の発展に及ぼした影響の大きさは計り知れない。

対する甲武鉄道の旅客列車は蒸気機関車牽引で、煤煙や汽笛の音に対する非難の声が大きく、運転本数を増やせずにいた。機関車牽引列車は、新宿や飯田町などの終着駅では機関車の向きを変えて機回しを行わなければならず、折り返しに要する時間や手間も問題になっていた。

そこで甲武鉄道は路面電車に対抗するため、1904(明治37)年8月21日に飯田町〜新宿〜中野間の電化を行い、電車による旅客列車運転を開始した。この電車は軌道条令による路面電車ではなく、私設鉄道法の鉄道専用軌道を走る日本初の電車だった。これより、飯田町〜中野間の近距離は電車で、飯田町〜八王子間の長距離列車と貨物列車は蒸気機関車牽引でという走行距離による車両種別の住み分けが始まった。

甲武鉄道の電車は、総括制御による連結運転が可能だった。専用軌道を走るため、歩行者や荷車や当時走り始めた自動車などに邪魔されることもなく、到達時間や定時制、乗車定員の多さなどの多くの面で街鉄を凌駕した。また、日本で初めて空気ブレーキや自動信号機を採用し、加減速性能に優れ折り返しの手間も不要という電車の利点を活かした高頻度運転を行った。それまでの30分〜1時間に1本という運行から5〜10分間隔運転になり、現在とさほど変わらない頻度の運行になったのだ。

1904(明治37)年12月31日には、飯田町から御茶ノ水まで電車線が延伸開業し、1906(明治39)年には新宿〜中野間が複線化された。

一方、日本鉄道品川線でも延伸や複線化が進められていた。1903（明治36）年4月1日、田端と池袋を結ぶ短絡線が開業し、上野〜田端〜池袋〜新宿〜品川〜新橋間で1日8往復の旅客列車が運転を始めた。1904（明治37）年11月には新宿〜池袋間が、1905（明治38）年10月には新宿〜渋谷間が複線化され、新宿駅に乗り入れる路線が次第に充実していく。

1906（明治39）年に鉄道国有法が公布されると、甲武鉄道は同年10月1日に、日本鉄道は11月1日に国有化され、新宿駅は国有鉄道の駅になった。

コラム❶

新宿を走った日本初の電車

日本で初めて路面電車ではない電車が走ったのは１９０４（明治37）年、甲武鉄道の飯田町～新宿～中野間だった。以来新宿駅には、国鉄・ＪＲや私鉄各社のさまざまな電車が出入りしてきた。それでは、初めて新宿駅に姿を見せた電車はどのような車両だったのだろうか。

甲武鉄道が初めて導入した車両は、全長約10メートル、乗車定員58人の二軸車だった。主電動機はアメリカのゼネラル・エレクトリック社製で、台車もアメリカのブリル社製だったが、車体は甲武鉄道の飯田町工場製で、28両製造された。車体長は路面電車と変わりなかったが、総括制御が可能で連結運転ができた。国有化後、鉄道院の車両形式称号規定によって、デ９６３形、デ９６０形、ニデ９５０形という形式名が付与された。これらの車両は地方私鉄に売却されたが、そのなかで信濃鉄道（現・ＪＲ大糸線）から松本電鉄（現・アルピコ交通）に譲渡されたハニフ１（元・デ９６８）号車が、国鉄電車の祖として大宮の鉄道博物館で保存展示されている。ブリル社のロゴのある台車に、高田商会の銘板。いかにも風格あるたたずまいで、この車両が新宿を走っていたのかと感慨を覚える。

１９０９（明治42）年には、日本初のボギー車ホデ１形（のちのホデ６１００形、デハ６２５０形）が日本車両で製造された。１９１１（明治44）年には鉄道院新橋工場製のホデ６１１０形（デハ６２６０形）が、さらにデハ６３００形など木造16メートル級の車両が次々に製造され、山手線、中央線に投入さ

甲武鉄道時代の二軸車　デ963形電車　所蔵：交通新聞社

れた。このうちナデ6110形6141号は、目黒蒲田電鉄（現・東急電鉄）から日立電鉄に譲渡された後、1972（昭和47）年に廃車となった。2017（平成29）年に国の重要文化財に指定され、現在は鉄道博物館で保存展示されている。

これらの電車は直流600ボルトで、のちに電化区間が1500ボルトに昇圧された際に、地方私鉄に売却されたり、電装を外してサハ19形などの付随車に改造されたりした。

中央線や山手線で使用されていた電車は、当初新宿駅構内に設けられた電車庫に所属していた。新宿電車庫は1916（大正5）年11月23日に火災を起こして電車20両を焼失。翌月には復旧したが、その後、編成両数が増大するにつれて手狭となり、1917（大正6）年には池袋に分庫を設置、1921（大正10）年7月10日に中野駅構内に移転した。

2つの新宿駅

国有化の約3年前の1904（明治37）年1月、新宿駅では大々的な改良工事が始まっていた。甲武鉄道の電化や山手線の複線化に対応するためと、日々増大する輸送需要に対処するため、新たな駅本屋を建設する、構内を拡大してホームや留置線を増設する、電車庫を新設するという大規模な内容だった。

拡張のための敷地として選ばれたのが、当時新宿駅の西側にあった「華竜園」という庭園だ。公爵岩倉家（明治の元勲岩倉具視の子孫）が所有し、皇太子（のちの大正天皇）もしばしば訪れたという名園が駅の拡張用地とされたことは、それだけ鉄道や新宿駅の重要性が高まり、世に広く認知された証とされている。結果的には、この大工事は新宿駅が山の手のターミナルとして発展を始める第一歩となった。

さて、工期は2年以上に及び、1906（明治39）年3月1日に竣工した。甲州街道に面して二代目の駅本屋が建造され、初代駅舎があった現在の東口付近に貨物ホームが設けられた。甲州街道の踏切は廃され、線路を跨ぐ人道橋、葵橋が架けられた。2年後の1908（明治41）年には青梅街道の踏切にも跨線橋が架けられた。

甲州口（現・南口）に建てられた二代目新宿駅本屋
所蔵：新宿区立新宿歴史博物館

駅舎と跨線橋で結ばれた列車用ホームは2面あり、東側が山手線、西側が甲武鉄道の列車用ホームとされた。甲武鉄道は、新宿駅の前後では電車と機関車牽引列車が線路を共有していたが、新宿駅構内では電車用と列車用のホームを別々に設けることにした。そこで、甲武鉄道列車用ホームの西側にさらに跨線橋を延ばし、何本もの留置線を挟んだ先に電車用の短いホームが設けられ、その隣に電車庫が設置された。

これだけなら駅が大きくなっただけのこととも言えるが、面白いことに、電車用ホームのわずか200メートルほど北側の駅構内にもホームがもう1本設けられていた。甲武鉄道の電車は上りも下りも1つめの新宿駅を出たかと思うとすぐに、もう1つの新宿駅に到着した。2つの新宿駅は駅

図5　新宿駅構内平面図　1907年（明治40年）頃

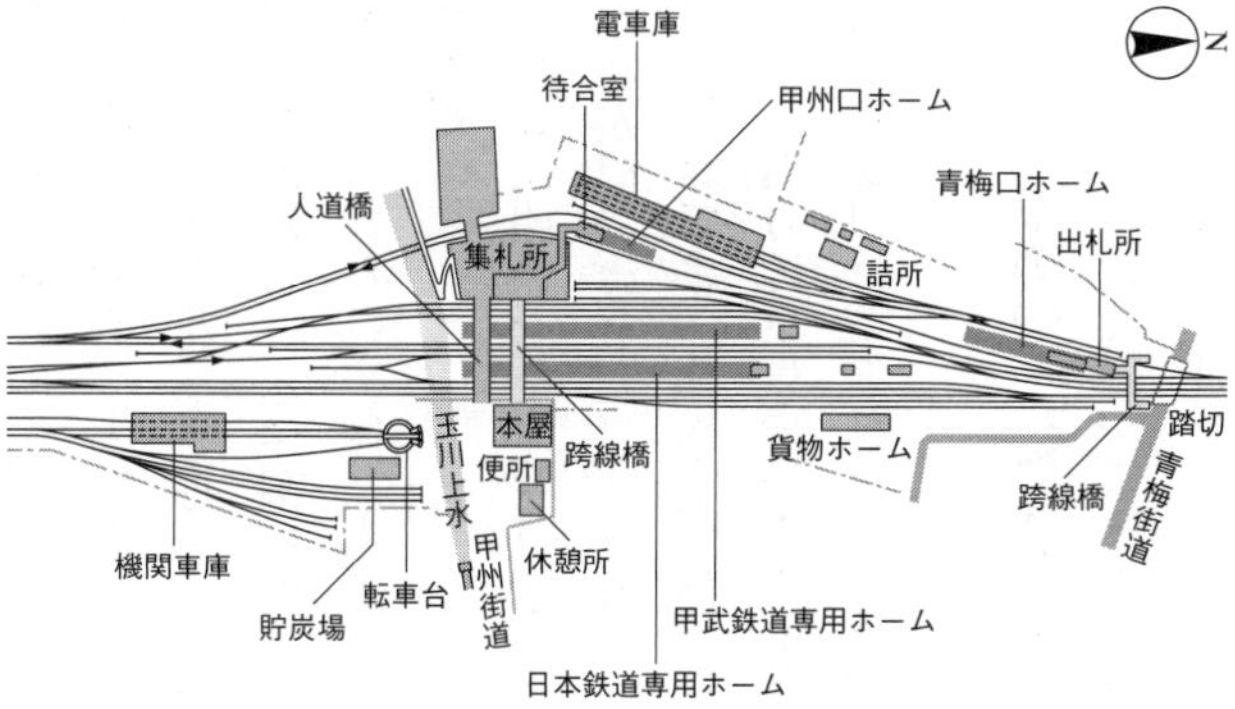

本屋側が甲州口、北側は青梅口と呼び分けられていたが、それぞれ別々に改札口が設けられており、両方ともれっきとした新宿駅だった。

要するに新宿駅は2つあったのだが、いったいなぜ同じ構内に2つの新宿駅が設けられることになったのだろうか。

これには、かつて新宿に点在していた大名屋敷や旗本屋敷の存在が絡んでいる。明治の初め頃には荒れ放題だった武家屋敷は東京府に移管されると、種々に活用されるようになった。もちろん、新宿駅の開業も屋敷跡の再利用に拍車をかけた。駅の東側は追分につながる形で徐々に商店街へと変化し、駅西側の屋敷は工場や学校に転用された。

西側一帯に広大な屋敷を構えていた美濃高須藩主松平摂津守の下屋敷跡地には、何校もの学校が建った。1889（明治22）年には女子独立学校（のちの精華学園、現・東海大学付属市原望洋高校）が開校、1916（大正5）年には日本中学校（現・日本学園）が神田錦町から移転、1918（大正7）年には東京女子大学が開校、1928（昭和3）年には関東大震災で被災し日本学園に間借りしていた工手学校（現・工学院大学）の新校舎が落成。後年、これらの学校は工学院大学を除いて移転したが、当時、駅西側は相当な学生街だったのだ。

1892（明治25）年12月からは6年の歳月をかけて上州館林藩秋元但馬守屋敷跡に淀橋浄水場が建設された。1902（明治35）年には十二社に六桜社（現・コニカミノルタ）の工場ができ、乾板や印画紙の製造を始めた。1910（明治43）年には銀座から移転した東京地方煙草専売局の工場が、やはり松平摂津守の屋敷跡に設けられている。新宿駅青梅口は、これらの学校や工場に通う人々の便宜を図って設けられたのである。

新宿は「電車の駅」になった

開設から30年近く経って大正時代を迎える頃には、新宿駅はさらに拡充され、周辺にもぽつぽつと市街が形成されつつあった。新宿駅に出入りする路線の延伸、電化、複線化なども行われ、新たに乗り入れる路線も登場した。明治の終わりから大正にかけての新宿駅に関わる出来事を以下に簡略にまとめる。

山手線

１９０９（明治42）年10月12日、国有鉄道の線路名称制定。赤羽～品川間と田端～池袋間が山手線になる。12月16日、山手線電化。同時に東海道本線の品川～烏森（現・新橋）間が開業。上野～新宿～品川～烏森間では１日13往復の電車が運転を開始。

１９１０（明治43）年、山手線の電車運転区間が延伸。６月に烏森～有楽町間、９月に有楽町～呉服橋（現在は廃止）間。

１９１４（大正３）年12月、全旅客列車が電車化される。

１９１６（大正５）年３月１日、全列車が２両編成になる。

中央線

１９０８（明治41）年、御茶ノ水～昌平橋間延伸電化。吉祥寺～国分寺間の複線化完成。

１９０９（明治42）年、国有鉄道線路名称制定時に昌平橋～篠ノ井間が中央東線となる。

１９１０（明治43）年３月、中野～吉祥寺間の複線化完成。

1911（明治44）年5月1日、中央線全通。飯田町～新宿～名古屋間直通の夜行普通列車701・702列車が運転開始。

1919（大正8）年1月、中野～吉祥寺間が電化。

1922（大正11）年11月、吉祥寺～国分寺間が電化。

京王電気軌道

1913（大正2）年4月15日、笹塚～調布間で軌道法による電車運転開始。

1915（大正4）年5月1日、甲州街道の葵橋に並行する専用橋で二代目駅舎前まで路線を延伸。「新宿停車場前」停留場を設置。追分に駅ビル建設。同月30日、新宿追分（現在は廃止）まで開業。

西武鉄道軌道線（のちの都電杉並線）

1921（大正10）年8月26日、淀橋～荻窪間で運転開始。

1922（大正11）年、長年の懸案だった青梅街道踏切に代わり青梅街道架道橋（大ガード）が完成。西武軌道は大ガード手前まで路線を延長。

1926（大正15）年9月5日、大ガードをくぐって新宿駅前（東口）まで開業。

こうして見ると、わずかな間に目を見張るような変化が起きていることがわかる。少々補足すると、山手線と中央線は新宿駅構内で平面交差していたのだが、増大する運転本数に対応するために両線の立体交差工事も進められた。１９１３（大正２）年に代々木駅南側の代々木跨線線路橋、１９１８（大正７）年に新宿〜代々木間で中央線の下り線が山手線を跨ぐ新宿跨線線路橋、１９２２（大正11）年に新宿駅北側で山手線が中央線を越える淀橋跨線線路橋の工事が行われ、立体交差化が完了した。

また、京王電軌が終着駅を新宿ではなく新宿追分に設定したのは、追分から東京市電に乗り入れて都心まで直通電車を走らせることを計画していたためだ。京王電軌は笹塚開業から新宿延伸開業直前の１９１５（大正４）年２月まで未成区間で乗合自動車の運転を行っており、これは東京初の営業路線バスとされている。

東京の市内電車は、街鉄、東京電車鉄道、東京電気鉄道の３社が経営していたが、３社まとめて東京市に買収され、１９１１（明治44）年８月１日から東京市電として運転されていた。東京市電は１９２２（大正11）年４月10日、追分から新宿駅前（現在の新宿ダイビル、スタジオアルタ付近）まで路線を延長した。

この時代、中央線の長距離列車と貨物列車以外の列車、すなわち中央・山手両線の旅客列車の大半が電車で運転されていたことも記しておきたい。京王電軌、西武軌道、東京市電ももちろん電車だった。つまり、新宿駅に出入りする列車の大半は電車列車だったのだ。同じ時代、東京駅と上野駅にも山手線や京浜線（現・京浜東北線）の電車が乗り入れていたが、両駅の主役は東海道本線や東北本線の長距離列車で、そのすべてが機関車牽引の客車列車だった。

端的に言えば、新宿駅は「電車の駅」で、東京駅や上野駅は「汽車の駅」だったのだ。そして「電車の駅」であることは、のちに新宿駅が「世界一の駅」になるために非常に重要な要素だった。これについては第４章で詳しく述べる。

同じ電車が新宿駅を二度通る？

１９１９（大正８）年３月１日、それまで万世橋を起点としていた中央線が東京駅まで延伸開業した。現在、中央線は東京駅高架の１～２番線を専用ホームにしているが、当時は１～２番線（現・３～４番線）を山手線と共有し、相互に行き来ができる配線だったので、これを利用する形で中野～上野間で中央線と山手線の直通運転が始まった。

ルートは中野～新宿～四谷～東京～品川～新宿～池袋～上野で、同じ電車が新宿駅を二度通る。ちょっと歪《いびつ》ではあるが、「の」の字を描いて走っていたので、「の」の字運転と呼ばれるようになった。

「の」の字の中野〜上野間は45・6キロ。この距離は、今なら中央線の新宿駅から高尾の先まで、東海道線の東京駅から大船付近までに相当する。当時は汽車による運転が当然とされる長距離だったのだが、電車による運転が行われた。

図6　「の」の字運転概念図

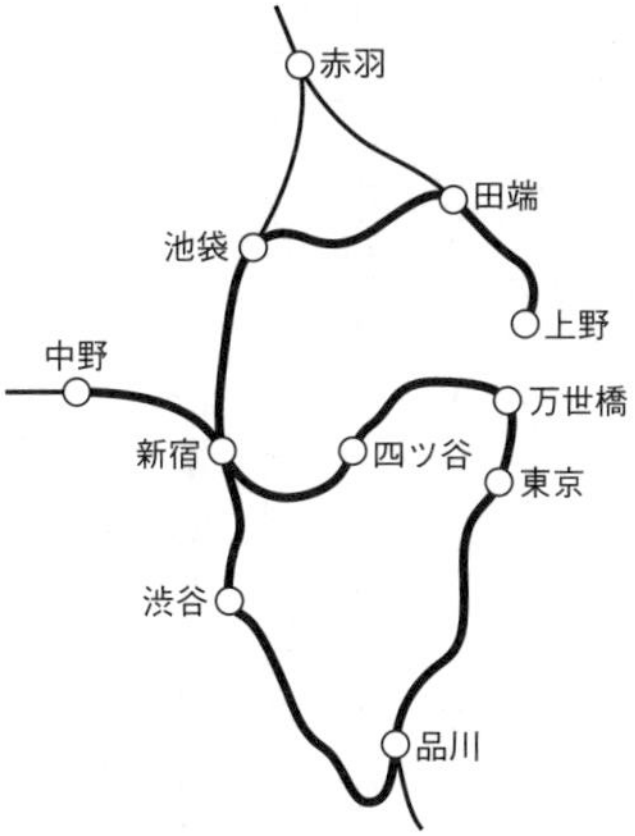

それというのも、国有化以降、山手線では駒込（1910年11月）、五反田（1911年10月）、鶯谷（1912年7月）、新大久保（1914年11月）と続々と新駅が開業し、駅間距離がどんどん短くなっていたからで、短い駅間をそれなりの速度で走るには加速・減速性に優れた電車が最適だった。電車は「の」の字区間を平均時速27キロ、2時間前後で結んでいた。これが国有鉄道の電車による長距離輸送の始まりで、その中心に新宿駅があった。

1923年9月1日、関東大震災が起こった

1923（大正12）年9月1日11時58分32秒、相模湾付近を震源とするマグニチュード8規模の大地震が発生し、東京府（現・東京都）や神奈川県を中心に、死者・行方不明者10万5385人、住宅被害37万2659棟の甚大な被害をもたらした。関東大震災である。

東京が受けたダメージはいかばかりであったろう。一面焼尽に帰した下町に比べれば、新宿周辺の被害はまだしも軽かった。だが、旭町（現・新宿四丁目）付近から出火した火が折からの強風に煽られて燃え広がり、駅の東側一帯、現在の紀伊國屋ビルと伊勢丹の間にあった市電車庫や、花園神社、武蔵野館など、多くの建物が焼けた。広域で見ると、被害は東側坂下の四谷方面で甚だしく、西側の武蔵野台地では比較的軽微だった。

新宿駅でも貨物事務室や保管倉庫などが焼失した。周辺の問屋や倉庫にあった夥しい量の薪炭が延焼に拍車をかけたという。機関車1両と貨車77両も脱線して大破した。

鉄道省は9月4日には蒸気機関車列車による救援物資の輸送を開始。変電所や架線の復旧を行い、9月11日から中央線、16日から山手線の電車運転を再開した。

関東大震災の前後、増大が続く山手線の輸送量に対応するため、各所で工事が行われて

いた。上野～神田間を連絡すること、田端～新宿～品川間を複々線化して客貨分離を行うことが主たるミッションで、工事中の区間も被害を被ったが、復旧とともに工事が再開され、上野～神田を結ぶ高架線が１９２５（大正14）年11月１日に開業する。同日から「の」の字運転が廃止され、山手線電車の環状運転が始まった。

山手線の複々線化工事とともに新宿駅の改良工事も急ピッチで進められていた。東口で建築中だった三代目の新駅舎も震災で大破したが、すぐに再建され、山手線の環状運転開始に半年先立つ４月25日、山手線複々線化開通式と新宿駅舎落成式が行われた。

新宿駅では構内の改良も進められた。

１９２４（大正13）年７月17日、青梅口と甲州口の２カ所に分かれてあった中央線ホームを１カ所に統合（当時７～８番線、現・15～16番線）。12月５日、上り電車ホーム改築移転（当時５～６番線、現・13～14番線）、西口に青梅口を新設。

１９２５（大正14）年４月23日、汽車ホームの改築移転（当時３～４番線、現・11～12番線）完了。５月１日、旅客地下道（現・北通路、青梅地下道）と小荷物専用地下道開通。

１９２６（大正15）年５月、甲州口を縮小、西口を増改築。６月、新設の貨物中継ホーム使用開始。

1927（昭和2）年4月1日、東西連絡地下道開通。

このように、新宿駅の発展は国有鉄道の発展や関東大震災からの復興、新しい時代の胎動とともにあった。

「いっそ小田急（おだきゅ）で逃げましょか」

関東大震災の復旧が進む過程では、被害が比較的軽微だった武蔵野・多摩地域が東京の新たな住宅地として注目を集めた。都心部では、東京～有楽町～新橋周辺などに新たなオフィス街が形成され始めた。こうした動きが合わさって、昭和の初め頃には東京の郊外に住んで、電車で都内、都心に通うという、現代につながる通勤者の流れができてきた。

この新たな流れに呼応するかのように、1927（昭和2）年、東京西郊と新宿を結ぶ路線が登場する。震災以前からの路線計画がたまたま同じ時期に実現されたのだが、重なる時には重なるものだ。

まず4月1日、小田原急行鉄道（現・小田急電鉄）が新宿～小田原間の小田原線を一気に全線開業し、電車運転を開始した。もともと小田急は都内へ地下鉄として乗り入れることを画策しており、当初は新宿三丁目を起点にする予定だったのだが、建設許可が下りず、国有鉄道新宿駅の西側に乗り入れ、２面４線のホームで開業することになった。ホームの番線は国有鉄道からの通しで、９～10番線が遠距離電車、11～12番線が近郊各駅停車に振り分けられた。１９２９年４月１日には相模大野～片瀬江ノ島間の江ノ島線が開業した。

旧西武鉄道村山線の高田馬場～東村山間も１９２７年４月16日に全区間複線電化で開業。既設の東村山～川越（現・本川越）間の電化も行われ、高田馬場～川越間で電車の運転が始まった。西武鉄道は甲武鉄道の関連会社で、１８９４（明治27）年という日本の鉄道史のなかでもごく早い時期に国分寺～久米川（現・東村山）間で開業した（翌年には川越まで延伸開業）。甲武鉄道が国有化された後、自前で都心に直結する路線を建設したわけで、高田馬場開業後も新宿乗り入れを押し進め、戦後の１９５２（昭和27）年に高田馬場～西武新宿間を開業した。

私鉄各社は単に路線を敷設するだけでなく、向ヶ丘遊園、成城学園、中央林間、多摩川原遊園（京王閣）、国立、小平など、沿線に新たな住宅地を造成し、また娯楽施設を建設し、積極的に大学を誘致して、新たな生活圏、文化圏を形成していった。この時代、新宿駅は、平日は中央線、西武、京王、小田急の各沿線から押し寄せる通勤通学客を捌き、週末は買い物、食事、観劇等の娯楽客を受け入れると同時に、郊外の遊園地や行楽地に向かう行楽客を送り出すといった、それまでに類を見ないターミナルとして成長を続けた。

こうした「新時代」の市民生活や風俗は、文学作品や映画などを通じて日本全国に波及した。たとえば菊池寛の『東京行進曲』（雑誌「キング」に連載）は1929（昭和4）年に溝口健二監督、夏川静江主演で映画化されて人気を博し、西条八十作詞、中山晋平作曲、佐藤千夜子唄の主題歌がレコード化されると、25万枚という売り上げを記録した。『東京行進曲』では、銀座のジャズと「リキュル」とダンサー、丸ビル、ラッシュアワー、浅草の地下鉄とバスなど、当時の都市生活が歌われている。新宿の歌詞は、「シネマ見ましょか　お茶飲みましょか　いっそ小田急（おだきゅ）で逃げましょか」。この歌から「小田急（おだきゅ）る」という大流行語が生まれ、新宿のイメージは、シネマとカフェの街、デパートの上に武蔵野の月がかかる恋の街として定着した。逃避行の先はもちろん箱根の温泉地で、小田急は「駆け落ち電車」との異名を取った。

第2章

焼け跡・闇市から戦後復興へ

１９２６年～１９５９年頃　【昭和前期】

街の重心が移動した

1885（明治18）年に雑木林と畑の中に開業した小さな木造の駅、新宿駅は、40年あまりの時を経て、鉄筋コンクリート造2階建ての駅本屋と、2本の地下道で結ばれた4本のホーム、広大な貨物駅がそろったターミナルへと成長した。国有鉄道の西側には小田急が、甲州街道上には京王電軌が、東口駅前には東京市電と西武鉄道軌道線が、2駅離れた高田馬場には西武鉄道村山線が乗り入れ、新宿駅周辺はひっきりなしに電車が行き交う場所になった。

成長を続ける新宿駅に牽引されるように、駅周辺の開発も進んだ。第1章に記したように、西口側には淀橋浄水場と学校や工場が設けられ、青梅街道や甲州街道の沿道には住宅が建ち並び、柏木、成子北・南、新町などの町名が割り振られた。

では、開業当初は駅舎周辺に薪炭問屋とささやかな茶屋があるだけだった新宿駅の東側は、どのように変わったのだろうか。

新宿の老舗について見てみると、駅開業の翌月には果実問屋・高野商店（現・新宿高野、タカノフルーツパーラー）がオープンした。実は、創業当時の高野は繭の仲買が本業だった。果実販売は副業で、繭の輸送と取引のために当時は町外れだった新宿駅前で開業したのだという。

東口一帯が拓けてくるのは甲武鉄道の市街線が開通した後、１９００年代の中頃以降のことで、高野の並びに中村屋が移転したのは１９０９（明治42）年だった。大正デモクラシーの時代、中村屋はさながら日本のエコール・ド・パリのようで、萩原碌山、高村光太郎、中村不折、国木田独歩、島村抱月、会津八一、内村鑑三などの芸術家や文化人のたまり場となっていた。ロシアの「盲目の詩人」ヴァスイリー・エロシェンコはボルシチを、インド独立の志士ラース・ビハーリー・ボースは本格的なインド式カリーを中村屋に伝授した。

新宿初の映画館、大幸館（のちの新宿館）ができたのは１９０７（明治40）年である。続いて１９１６（大正５）年に四谷大木戸付近に大国座（のちの新歌舞伎座他）、１９２０（大正９）年に新宿三丁目で武蔵野館（現・新宿武蔵野館1・2・3）が開業した。しかし、これらの動きはまだ序の口で、関東大震災後、新宿駅東口の本格的な発展が始まる。

小田急や西武村山線が開業し、京王電軌が新宿～東八王子（現・京王八王子）間の直通運転を開始すると、新宿駅の乗降客はみるみる増えて、新宿の繁華街の重心は大木戸～追分から追分～新宿駅へと移動した。

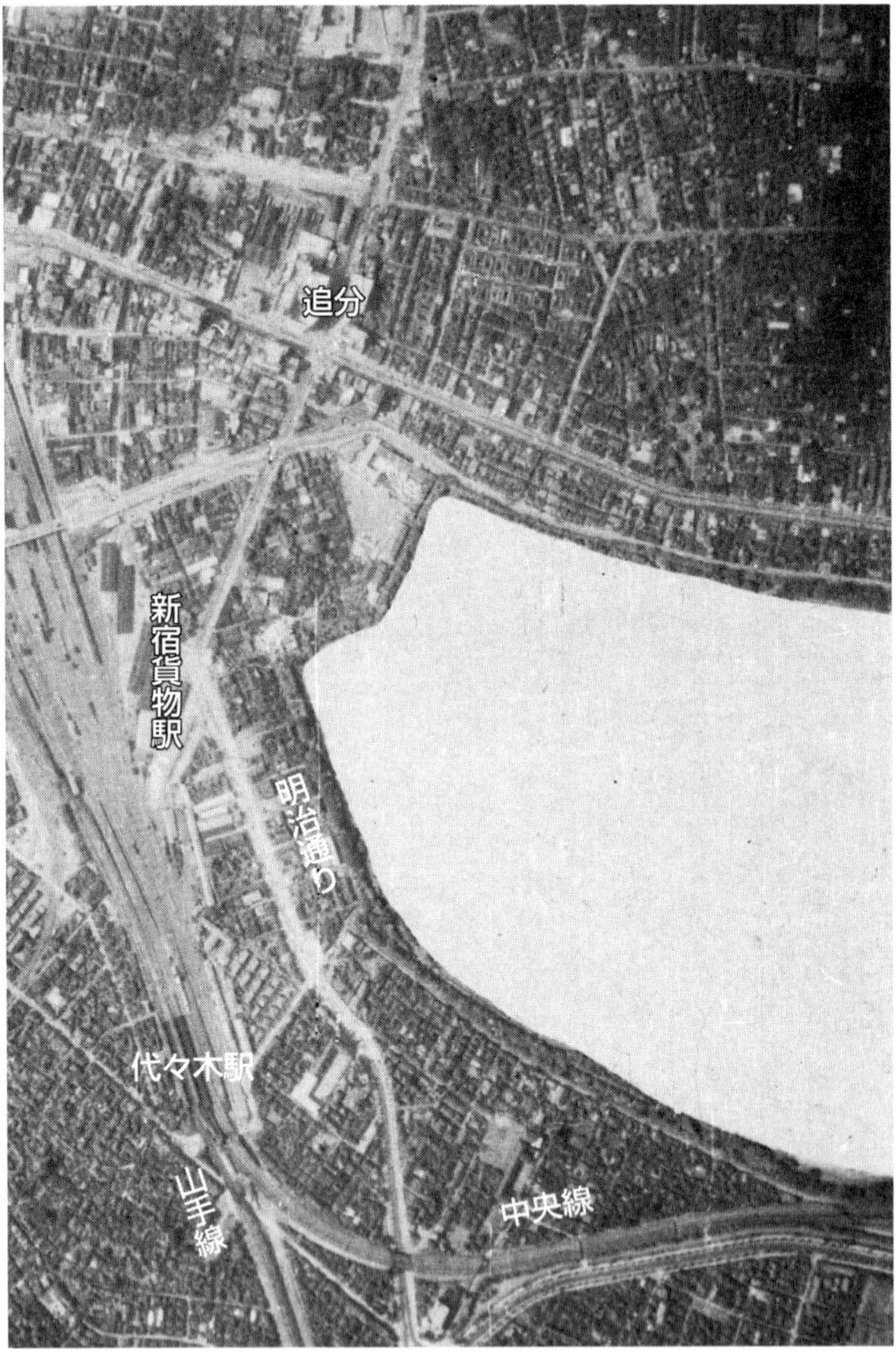
追分
新宿貨物駅
明治通り
代々木駅
山手線
中央線

新宿の空中写真　1936（昭和11）年　撮影：国土地理院
右側の白い部分は新宿御苑（戦時中のため白く塗りつぶされている）。
左に四角く見えているのは淀橋浄水場。

1927（昭和2）年には紀伊國屋が書店に転業。以降、紀伊國屋は今日に至るまで新宿文化の中核を担うことになる。

百貨店も次々に開店した。大震災の翌月の三越マーケットから始まって、1925（大正14）年1月に追分交差点角にほてい屋百貨店、同年12月に駅前に三越百貨店分店が開店している。三越分店は1930（昭和5）年に食品デパート二幸になった（この二幸が1979年に新宿アルタになった）。

京王電軌が新宿三丁目に新宿京王ビルディングを建てて1階を新宿追分駅としたのは1927（昭和2）年。翌々年には京王ビルに、日本で初めて駅ビルに併設された百貨店、新宿松屋デパートが開店している。1933（昭和8）年にはほてい屋の隣に伊勢丹が開店して、1935（昭和10）年6月にほてい屋を吸収合併している。同一地域に4軒もの百貨店が出店するという例は戦前では新宿だけにしかなく、当時の中産階級にとって新宿がいかに魅力的な商業エリアであったかが推し量られる。

こうした際立った変化に呼応して、新宿には都内からも買い物客が集まるようになった。他の主要駅と比べると新宿駅の利用者は職業婦人、家庭婦人、女学生など、女性客の比率が高く、「洋服の銀座、奥さんの新宿、和服の浅草」といわれたとおり、駅や駅周辺には

明治通りの映画館　1937（昭和12）年　所蔵：新宿区立新宿歴史博物館

華やかな雰囲気が満ちていたという。
　この時代、映画館などの大衆向け娯楽施設も次々に開館した。折しも映画がトーキーの時代を迎えたこともあり、新宿駅周辺だけでも、1938（昭和13）年までに邦画、洋画、ニュース画を合わせて実に12館の映画館がオープンしている。1897（明治30）年に創業した新宿末廣亭は、1921（大正10）年に今の場所に移転して、1932（昭和7）年に落語定席になった。1931（昭和6）年12月末には、角筈（新宿駅東南口前付近）に大衆劇場ムーラン・ルージュ新宿座が開館。1924（大正13）年9月には、箱根土地（のちのコクド、現・西武ホールディングス）が新宿園という遊園地を開園した。場所はかつての東京厚生年金会館（現在はヨドバシカメラ本社）の西側付近。2年足らずで閉園したが、遊戯施設や庭園のほか、劇場、映画館、演舞場も備えた巨大アミューズメントパークだった。

新宿駅の乗降客数、初めて日本一に

開業当時は1日あたりの乗降客がわずか36人だった新宿駅だが、甲武鉄道の市街線が開業した後の1895（明治28）年には、乗降客が初めて1000人の大台に乗った。大正時代の半ばになると1万人を突破、昭和に入ると乗降客は1日5万人を数えるようになり、小田急が開業すると、これに1日あたり1万5000人前後の利用客が加わった。

1927（昭和2）年の新宿駅の1日あたりの乗降客数は、鉄道省の2路線、山手線と中央線だけでも5万7338人で、この年初めて新宿駅は東京駅を抜いて、「日本一」になった。同じ年の東京駅の乗降客数は5万5707人、上野駅は3万7920人、池袋駅は武蔵野鉄道と東武鉄道を合わせて3万4727人、渋谷駅は東京横浜電鉄を合わせて3万3184人、新橋駅は3万62人だった。以上の数字は東京府の統計資料による。

参考までに現代の数字を引くと、現在JR東日本管内には1666駅あり、5万7338人という乗降客数は、全体の84位に相当する（2018年度）。85位以下には、大塚、新浦安、茅ケ崎、関内、浅草橋、国立、菊名、高円寺など、常に大勢の乗客が乗り降りしている駅が続いている。驚くべきことに、新宿駅の乗降客数はすでに90年も前にこれらの駅の客数を超えていたのだ。

１９３３（昭和８）年の「新宿駅を中心とする交通調査報告書」には、午前６時から午後10時までの新宿駅の乗降客数は、山手線、中央線と小田急線（推定約３万３０００人）を合わせて約14万８５００人とあり、これら３路線で新宿駅利用者の約半数を占めていたことがわかる。次いで乗降客数が多かったのが東京市電で、約６万６９００人。京王電軌は約４万人、青バス（東京乗合自動車、のちの東京市営バス、現在の都営バス）と西武鉄道が２万人弱と続く。

乗降客数日本一になったから、というわけではないのだが、新宿駅は１９３２（昭和７）年10月１日に晴れて東京市の駅になった。この日、東京市の区部に近隣の郡部を合併する区域の拡大再編が行われ、東京市は35区になった。このとき、淀橋町、大久保町、戸塚町、落合町の４町が淀橋区となり、淀橋町にあった新宿駅も東京市内に編入されたのである。戦後の１９４７（昭和22）年には、淀橋区が四谷区、牛込区と合併し、新宿区が誕生している。

中央線、急行電車の運転始まる

昭和の初めから10年代にかけて、新宿駅に発着する鉄道線にはさまざまな変化が起こった。伊豆方面へ向けての週末温泉準急が運転を開始するなど、その多くは現在につながる事柄で、なかでも中央線の電化、複線化、複々線化の進展など、列車の運行形態に関わる進化が顕著だった。

中央線は１９３０（昭和５）年12月20日に浅川（現・高尾）までの電化が行われ、東京〜浅川間で電車運転が始まった。翌年には甲府までの電化が完成し、電気機関車による列車運転が開始されている。浅川〜甲府間には小仏トンネル（２５７４メートル）や笹子トンネル（４６５７メートル）などの長大トンネルが多くあり、蒸気機関車牽引列車では暗闇の長さに轟音、煤煙、高熱が加わって、機関士も乗客も大変な苦労を強いられていたため、一刻も早い電化が望まれていた。

甲府電化の完成により、それまで片道6時間を要していた飯田町〜甲府間の所要時間は一気に2時間も短縮されて、４時間前後で到達できるようになった。ただ、中央線のトンネルは蒸気機関車時代に掘られた径が小さなサイズのトンネルばかりで、のちに新宿から甲府方面に向かう特急電車や中長距離電車では、パンタグラフ部分の屋根を下げた特別仕様の専用車両が用いられることになった。

１９３２（昭和７）年7月1日に総武線の御茶ノ水〜両国間が開通して電車運転がスタート。翌１９３３（昭和８）年7月15日には、総武線の電車が中野までの乗り入れを開始した。同年9月15日には飯田町〜御茶ノ水間の複々線化と、御茶ノ水駅前後の立体交差化が完成した。

この工事の完成を受けて、東京〜中野間で神田、御茶ノ水、四谷、新宿の各駅だけに停車する急行電車（現在の快速電車）が平日の朝夕に運転を始め、東京〜中野間を21分で快走した（現在の快速も同区間を18〜21分で走っている）。同じく１９３３（昭和８）年の7月には中央本線の中長距離の旅客列車はすべて新宿駅発着となり、飯田町駅は貨物駅になった。

複々線化による快速線と緩行線の分離、総武線電車の中央線乗り入れ、新宿駅が長距離列車のターミナル化したことなど、現在の中央線の基本的な運行形態がすでにこの時点で確立されていることに注目されたい。

“わめく鬼”市電

1931（昭和6）年4月1日、東京市電の運転系統番号が改正され、新宿系統の3路線は、新宿～築地間が11系統に、新宿～両国駅前間が12系統に、新宿～万世橋間が13系統になった。

新宿駅で鉄道各路線と連絡する東京市電の乗客数も増加し、新宿駅前の停留場では1日あたり7万人もの利用者がいた。

この大勢の市電利用者を捌くために、東京市電初となる半鋼製3扉ボギー車の5000形電車が12両製造されて、新宿線系統に集中的に投入された。5000形は全長13メートル、車幅は市電最大の2・44メートルもある大型車で、大きすぎるために道幅が広く利用者が多い路線でしか使用できず、11・12系統のほかは一時1系統（品川駅前～上野駅前）で限定的に使用されただけだった。いわば5000形は、「新宿の顔」とでもいうべき車両だった。

乗降客数で日本一になった新宿駅には、同じ時期にもう一つ日本一となった記録がある。1935（昭和10）年の朝日新聞には「騒音地獄一巡り　新宿がその王座」という見出し

復元された5000形
所蔵：新宿区立新宿歴史博物館

に続いて、「〃わめく鬼〃市電」という大見出しが載っている。

この記事によると、尾張町（現・銀座四丁目）の騒音が55・7デシベルで、これを100とすると新宿駅前は113となって、上野広小路、新橋、日比谷、浅草など、並みいる繁華街を押さえて堂々（！）の1位。新宿駅前は「音の世界では最悪の場所」だった。騒音の主役は大型電車が走る東京市電だそうで、「市電が通ると七〇デシベルを遥に突破する」と書かれている。

日本一の乗降客数に日本一の騒音。よかれ悪しかれ、新宿の駅と街は広く世に知られるようになった。華やかな街並みや映画館街と背中合わせに、昔ながらの歓楽街も今の新宿二丁目を中心とする地域で客を呼び込んでいた。

コラム❷　戦前にもあった新宿西口開発計画

戦後復興とともに新宿駅西口の再開発が進み、1966（昭和41）年に西口広場が完成し、高層ビルが次々に建設された。1991（平成3）年には都庁が移転し、新宿は副都心から新都心になった。しかし、新宿駅西口開発計画は戦後に構想されたものではなく、戦前の1932（昭和7）年には都市計画事業として計画されていた。

その計画の概要によると、芝浦に移転する予定になっていた西口駅前の専売局淀橋工場の跡地（1936年4月に移転開始）に広場を建設し、広場には駐車場やバス乗降場などを設け、広場の地下に西武高速鉄道（現・西武鉄道）、東京高速鉄道（現・東京メトロ）、東横電鉄（現・東急電鉄）のターミナルを建設する。また、淀橋浄水場を移転して、その跡地は宅地などに転用する予定だったようだ。

西武高速鉄道は西武鉄道軌道線とは別に青梅街道から立川方面を目指す鉄道線で、東京高速鉄道は現在の地下鉄丸ノ内線に該当する計画線だった。

東横電鉄は渋谷や目黒が拠点となっていたが、以前から新宿を目指す路線の建設を目論んでいた。古くは碑文谷（現・都立大学）から代々木村（現・代々木八幡付近）を経由して新宿に、のちには目黒や渋谷から新宿に向かう路線の建設を申請していた。1933（昭和8）年の「新宿駅付近広場および街路計画図」には、小田急新宿駅の西側地下に東京横浜電鉄の新宿駅用地が記されていた。

工事中の新宿西口立体広場　1966（昭和41）年　所蔵：交通新聞社

結局、「東急新宿駅」の予定地には、1945（昭和20）年7月に京王電鉄の新宿駅が建設され、現在に至っている。

東急の計画路線は山手線に並行しているために建設認可が下りなかったが、2013（平成25）年3月になってようやく東急東横線が東京メトロ副都心線を介して新宿三丁目に乗り入れた。

こうして、「新宿に直通する」という東急電鉄の積年の望みがかなうことになった。

戦時統制で何が起こった?

1932(昭和7)年3月25日、イギリスのグレート・ウェスタン鉄道が世界初のミステリー列車「ハイカース・ミステリー・エクスプレス」を運行した。これを受け、増収案を模索していた日本の鉄道省も日本初のミステリー列車「行先秘密?列車」の運行を企画した。発表されたのは「6月12日日曜日の8時15分に新宿駅を出発する」ことだけで、経由地も終点も謎のまま切符の販売が行われたが、500人分が発売後1時間で売り切れてしまい、急遽、追加列車の運転が決定したという。

新宿駅を出発した列車は、赤羽線~東北線を経由して大宮に至り、総武鉄道(現・東武野田線)で柏に向かい、常磐線~新金線(総武貨物線)を経由して、17時14分に終点の両国駅に到着した。大宮の氷川神社や盆栽村、野田のキッコーマン工場などを見学した乗客は大変満足したそうで、日本初で新宿発のミステリー列車は大成功を収めた。

続けて新宿駅関連のエポックを追ってみれば、1934(昭和9)年12月には東海道線の丹那トンネルが開通している。これを受けて、新宿発、東海道線経由沼津行きの週末温泉準急が運転を開始した。この列車は現在の「スーパービュー踊り子」の先駆けをなす列車だった。

小田急は江ノ島線の開業後、夏季に新宿〜片瀬江ノ島直通の海水浴電車を運転し、1935（昭和10）年6月1日には新宿〜小田原間ノンストップの「週末温泉急行」の運転を開始した。この列車は現在のロマンスカーの元祖ともいえる列車だった。

1936（昭和11）年には、それまではロングシート車ばかりだった中央線にセミクロスシート車のモハ51形が登場した。日本の鉄道の初期には、1等車と3等車はクロスシートで2等車はロングシートだったが、この時代になると、客車はクロスシート、電車はロングシートというのが関東地方では一般的で、ゆったりとした座席のクロスシート車はラッシュで揉まれる通勤客の憧れだった。

翌1937（昭和12）年4月1日には、新宿が特別一等駅に指定された。

このように、新宿駅の周辺では華やかな出来事が続いていたが、ミステリー列車が走った1932（昭和7）年は、1月28日に上海事変、3月1日に満州国建国、5月15日に五・一五事件が起こった年で、翌1933（昭和8）年1月にはドイツでヒトラーが首相になってナチスが政権を獲得、3月に日本は国際連盟脱退と、世界はきな臭かった。

時代は戦争に向かって混迷の度合いを深めていった。1937（昭和12）年7月に開戦した日中戦争の影響で「遊楽旅行」に制限がかけられ、同年暮れに沼津行き温泉準急が廃止された。1938(昭和13)年4月1日、国家総動員法(5月5日施行)と、陸上交通事業調整法(8月1日施行)が公布された。

陸上交通事業調整法は乱立気味のバス会社などの統合整理を目的に立案された法律で、国家総動員法のような戦時立法ではないと説明されている。しかし、法律は立案者の意向どおりに運営されるわけではなく、国家統制のために使われることもある。

然して1940(昭和15)年1月31日に陸運統制令が、1941(昭和16)年に改正陸運統制令が公布された。改正陸運統制令は、国家総動員法と同様の戦争完遂を目的とした強制的な法令だった。同法令と陸上交通事業調整法に基づき、鉄道やバス事業の統合や買収が行われた。文字どおりの戦時統制である。

新宿駅に関連が深い出来事としては、1942(昭和17)年5月に東京横浜電鉄、小田急電鉄、京浜電気鉄道が合併して東京急行電鉄となり、1944(昭和19)年5月には京王電気軌道を吸収して、大東急(戦時統制下の東京急行電鉄の呼称)が誕生した。運輸通信省は、東海道線が空襲を受けた場合の代替路線として小田急線を想定し、新宿駅構内には中央緩行線下り線と小田急線を結ぶ連絡線が設けられた。

１９４４（昭和19）年４月には、改正陸運統制令によって青梅電気鉄道と南武鉄道が国有化され、青梅線、五日市線、南武線となった。

西武鉄道軌道線は１９３５（昭和10）年12月27日に東京乗合自動車に経営を委託、その後東京地下鉄道経営を経て、１９４２（昭和17）年２月１日からは東京市が運営管理を行うことになった（ちなみに、このとき同時に王子電気軌道の早稲田～王子駅前と赤羽終点～三ノ輪橋が東京市電に買収されたが、この早稲田～王子駅前～三ノ輪橋間が現在唯一残る都電路線、荒川線だ）。

のちの時代から見れば一目瞭然のことながら、１９４４（昭和19）年の時点で新宿駅に出入りする路線はすべて、国家＝軍の統制の下に置かれていた。

新宿が焼け野原になった

１９４１（昭和16）年12月８日、日本は太平洋戦争に突入する。鉄道輸送にもさまざまな規制が設けられた。軍事物資と兵員の輸送が最優先とされ、貨物列車の増発と旅客列車の削減が行われ、不要不急の旅行は制限された。徴兵された鉄道職員の代わりに女性や勤労動員の学生が徴用されるようになった。

1942（昭和17）年4月18日、B－25による初めての本土空襲が行われ、新宿近郊では牛込区の早稲田鶴巻町が被害を受けた。アメリカ軍は1944（昭和19）年8月にマリアナ諸島を占領。同年11月24日から大規模な東京大空襲が始まった。当初は軍需関係の工場やその部品を製造していた下町の町工場が爆撃目標とされていたが、やがて市街地全域に対する焼夷弾爆撃が始まる。1945（昭和20）年3月10日の大空襲の死者、行方不明者は、10万人以上に上った。

新宿駅周辺への空襲も立て続いた。同年5月25日の山手大空襲で、新宿駅、二幸、伊勢丹、三越などの鉄筋コンクリートのビルを除いて、一帯は一面の焼土と化した。

新宿駅は駅舎こそ焼け残ったものの、西口の駅舎やコンコースは全焼し、ホームの屋根も一部を除いて焼け落ちた。雨の日のホームは、雨傘を開いて電車を待つ人、乗り降りする人で混雑を極め、まるで傘の屋根がかかったようだったという。

中央線では32両の電車が焼失した。25日は東京～吉祥寺間が不通になり、数日間は電車の運転がストップ。蒸気機関車牽引列車が数本運転されただけだった。5月30日になってようやく電車運転が再開された。終戦直前の同年8月5日には浅川～与瀬（現・相模湖）間で、湯の花トンネル列車銃撃事件が発生した。アメリカ軍のP－51戦闘機が満員の新宿発長野行き４１９列車に機銃掃射を行い、少なくとも49人以上の乗客が亡くなった。

大東急小田原線新宿駅でもホームや出改札口が全焼した。

大東急京王線は空襲で天神橋変電所が破壊されて電圧が降下し、新宿駅を越える甲州街道の跨線橋を上ることができなくなった。そこで、７月24日に急遽小田急新宿駅の西側（現在の京王デパートがあるあたり）に京王新宿駅を移し、３面２線のホームを設けて新宿駅13～14番線とした。

そして、８月15日を迎えた。

闇市と進駐軍の時代

戦争が終わり、新宿駅前は広大な焼け跡になった。それでも鉄道は走っていた。人々は家族を探し、食料や生活必需品を求めて、新宿に集まった。

敗戦直後の８月20日、新宿通りに闇市が出現した。その後、全国の主要駅の駅前に続々と登場した闇市の第１号だった。

新宿の闇市を仕切っていたのは、尾津組、安田組、和田組、野原組といった、戦前から新宿に進出して縁日や祭礼に露天を出していた香具師（「的屋」と呼ばれていた）の集団だった。最初はただの露天だったが、そのうち、よしずで区画分けされた中に屋台を持ち込んだり、柱や雨戸で店をこしらえたりする者も現れた。

露天商の多くは、焼け跡や路上を不法占拠していた。新宿通りでは店舗の前の歩道に勝手次第に露天が並び、奥の店に客が入れないありさまだった。不法に土地を占拠された商店主たちは訴訟に踏みきって勝訴したものの、実際に土地を取り戻すことができたのは、中村屋の場合で１９５４（昭和29）年だった。中には１９７０年代になってようやく解決を見た店もあったという。

露天は戦後復興の区画整理の過程で撤去されたものもあれば、次第に定着してマーケット化していったところもあった。尾津組の露天約４００軒は、伊勢丹と紀伊國屋の間にあった都電車庫の戦災跡地に共同経営の百貨店「昼夜デパート」を開店した。１９５５（昭和30）年に丸物デパートに買収され、丸物は10年後に伊勢丹に買収された。新宿駅東口にあった和田組や野原組のマーケットは、新宿駅東口駅前広場建設工事が始まると強制的に取り壊され、一部の露天が三光町に集団移転してマーケットを開いた。これが、現在のゴールデン街の始まりである。

西口の安田マーケットの一部は新宿西口会館（現・新宿パレット）や小田急エースに入

り、大ガード寄りの一部はそのままやきとり横丁、ションベン横丁（高校生の頃、略して「ションヨコ」と呼んでいた）として残った。こちらは現在の思い出横丁である。

終戦後すぐに進駐軍も新宿に乗り込んできた。９月２日には焼け残った新宿駅の貴賓室が占拠され、ＲＴＯ（進駐軍鉄道輸送事務所）が設けられた。10月５日には伊勢丹の３階以上のフロアが連合軍に接収された。

鉄道輸送は、ＧＨＱ（連合軍総司令部）のＣＴＳ（民間運輸局）監督下に置かれた。連合軍の将兵や物資は無賃輸送になり、状態のよい車両は連合軍専用車両、いわゆる白帯車とされた。１９４６（昭和21）年2月からは山手線や中央線の電車にも白帯車が連結され、新宿駅にも出入りするようになった。

当時、中央線沿線の立川や横田、小田急沿線の厚木や座間、京王沿線の関東村、西武沿線の所沢など、新宿に集まる路線沿線には米軍基地が多数あったので、大勢の連合軍兵士が新宿を闊歩していた。

不法な露天商に我が物顔でのし歩く進駐軍、老舗商店街の苦難。他の駅前よりははるかに長く続いた新宿の混乱と混沌は巨大な駅前の宿命であり、象徴でもある。次の時代に大きく飛躍するための、ある意味では伏線のような時代だった。

レジャー列車のターミナル

戦後3〜4年が過ぎると、世の中もだんだんと落ち着きを取り戻してきた。

食料を手に入れるために奔走する必要が減り、地方に疎開していた人たちも東京に戻ってきた。東京から避難した人ばかりでなく、仕事を求めて新たに上京してくる人も増えた。そうした人たちの多くは都心の焼け跡を避けて郊外に居を構えたので、新宿の西側の武蔵野、多摩地域では関東大震災後にも増して、宅地化が進んだ。新宿駅は、以前にも増してサラリーマンやBG（ビジネスガール。のちのOL）、学生、女性客が出入りする中流階級の駅になっていった。

鉄道関連でも駅舎や線路の修復が進み、戦前から戦中にかけて製造された車両の改造車や復興車に加え、新形式の電車も登場するようになった。復員列車や買い出し列車に代わって、レジャー客のための列車も走り始めた。

週休2日はおろか、土曜日の半ドンさえごく一部の会社でしか行われていなかった当時、人々は争うように海へ山へと出かけた。ようやくレジャーの時代が到来したのだ。

1949（昭和24）年6月1日、国有鉄道が運輸省（現・国土交通省）から独立して、公共企業体日本国有鉄道が発足した。鉄道院時代には「院電」、鉄道省や運輸省時代には「省電」と呼ばれていた山手線や中央線の電車は、「国電」と呼ばれるようになった。

国鉄発足の前年７月に行われた列車時刻大改正で、新宿～松本間で夜行客車準急が１往復運転を開始した。この列車は１９５１（昭和26）年３月９日に「アルプス」と命名され、中央線系統で初の愛称付き列車となった。それまで列車の愛称名はごく一部の限られた列車にしか付けられていなかったが、１９５０年代以降、爆発的に増えていく。新宿駅発着列車では、「アルプス」「穂高」「白馬」「上高地」「八ヶ岳」「白樺」といった、中央線沿線の山や高原に誘うような愛称付き列車が運転された。伊豆に向かう「あまぎ」、房総各地に向かう「外房」「内房」「犬吠」といった愛称付き列車も登場した。愛称名は時刻表や鉄道旅行に不慣れな人たちに好評で、「アルプス」で槍穂へ、「あまぎ」で熱海の温泉へと、旅行ブームを呼んだ。

１９５１（昭和26）年９月20日、国鉄と富士山麓鉄道（現・富士急行）が相互乗り入れを開始。新宿駅から乗りかえなしの直行電車は、富士山登山客や富士五湖の遊覧客に好評を持って迎えられた。翌年７月には、３扉セミクロスシートの70系（スカ形）が中央線にも投入され、「山スカ」の愛称で親しまれた。山スカは客車列車の電車化を促進し、富士急乗り入れ用や、「自然科学電車」のような遠足用の臨時団体列車としても活躍した。

私鉄関連では、1948（昭和23）年6月1日、財閥解体、東京急行電鉄再編成により小田急電鉄株式会社と京王帝都電鉄株式会社が独立した。以前は小田急系列だった帝都電鉄井の頭線が京王に移管され、小田急は箱根登山鉄道を傘下に収めた。

1948（昭和23）年10月16日、小田急は新宿と小田原を結ぶ特急電車の運転を開始した。当初は土曜日に下り1本、日曜日に下り1本上り2本の運転で、両駅間を100分で結んだ。翌1949（昭和24）年8月には新製の特急専用車1910形（翌年2000形に改称）を投入。車内に喫茶カウンターを設けて、「走る喫茶室」として人気を博した。所要時間も90分に短縮された。同年10月からは毎日運行となり、公式に「ロマンスカー」の愛称が用いられることになった。小田急は1950（昭和25）年には箱根登山鉄道の小田原～箱根湯本間を3線軌条化。ロマンスカーの箱根湯本乗り入れを開始した。

レジャーがまだ日帰りか夜行日帰りだった時代、目的地での時間をなるべく多く取るために、到達時間の短縮と乗りかえ不要は大きなサービスになった。車内設備の充実も人気で、新宿から箱根へロマンスカーで直行する利用客が急増し、同年10月からは新宿～箱根湯本間で毎日3往復の特急が運転されるようになった。1951（昭和26）年2月には全座

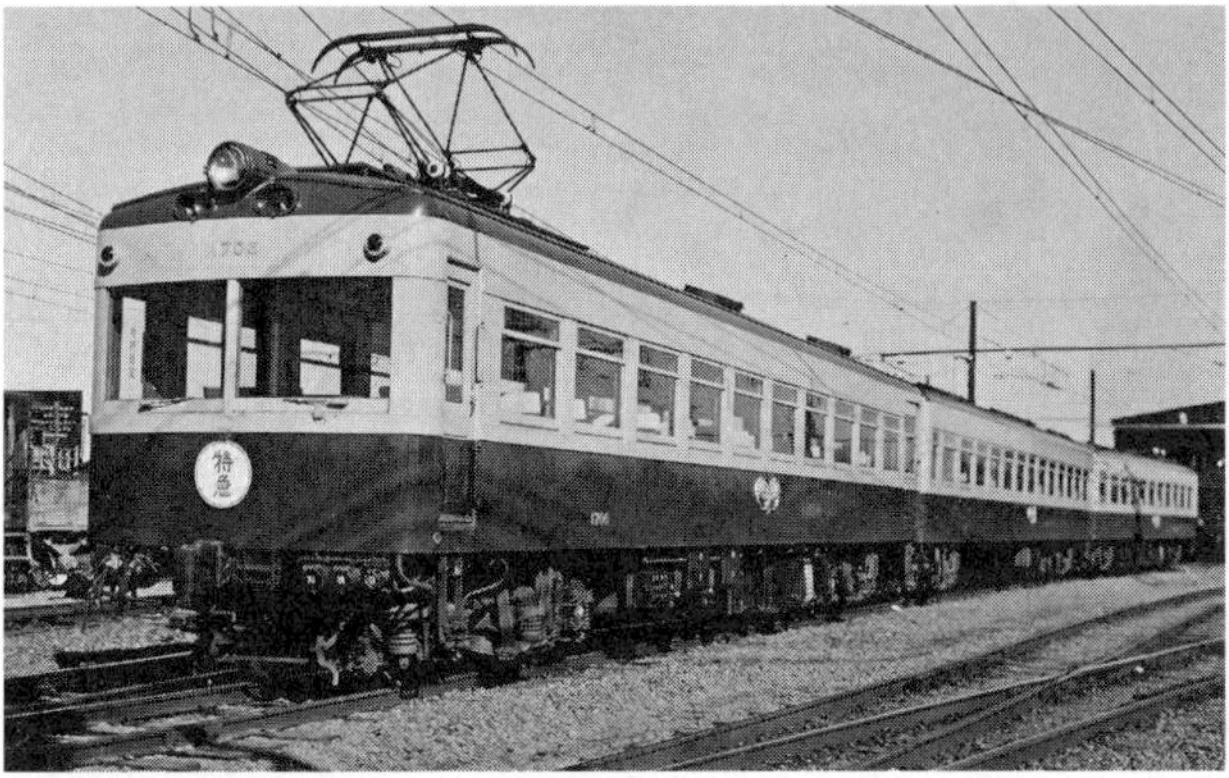

小田急電鉄1700形　所蔵：交通新聞社

小田急電鉄　気動車キハ5000形　所蔵：交通新聞社

席が転換クロスシートとなり、3両編成で2扉という特急専用車両1700形が登場した。

夏季の夕方に新宿と片瀬江ノ島を往復する「納涼ビール電車」や、江ノ島線特急の運転も始まった。1955（昭和30）年10月からは、小田急初の気動車キハ5000形が国鉄御殿場線に乗り入れて新宿〜御殿場間を結ぶ特別準急「銀嶺」「芙蓉」が運転を開始した。

新宿からアルプスへ、富士へ、伊豆へ、箱根へ、湘南へ。新宿駅は海、山、温泉など、郊外型レジャーに出かけるときのベースキャンプのような存在になりつつあった。

西武新宿駅はなぜ離れた場所にあるのか？

西武鉄道村山線は1927（昭和2）年に高田馬場まで開業した後、新宿を目前にしながら、なかなか路線を延ばせずにいた。

終戦直後の1945（昭和20）年9月22日、西武鉄道（旧）は東京の多摩地区や埼玉県で長年ライバルとしてしのぎを削ってきた武蔵野鉄道と合併し、西武農業鉄道となった。翌1946（昭和21）年11月15日に西武鉄道（新）に社名を変更した。

1952（昭和27）年3月25日、西武鉄道は長年の懸案だった高田馬場からの路線延長を行い、西武新宿仮駅まで開業。同時に路線名を変更して、村山線が新宿線になった。

当時の西武新宿駅　1964（昭和39）年　所蔵：新宿区立新宿歴史博物館

西武新宿駅が設けられたのは当時都バスの車庫があった場所で、新宿駅東口の駅舎からは300メートルほど北側に離れていた。もともと大ガードから東口駅前に延びていた旧西武鉄道軌道線の軌道敷を利用して国鉄新宿駅の隣接地に乗り入れる計画だったのだが、東口一帯の区画整理がなかなか進まなかったため、仮設の駅が設けられたのである。

ようやく1950年代の中頃になって、新宿駅舎を取り壊して新たにステーションビルを建設する計画が立ち上がった。その際に発表された「新宿東口民衆駅百貨店名店街ビル設計図」によれば、西武新宿線は高架でビルの2階に乗り入れ、2階にホームと出改札口を設け、高架下に歩道が設けられることになっていた。

建設工事が始まり、ビルには西武線利用者用の入口が開けられて改札口のラッチも搬入され、高架の基礎工事も始まった。しかし、当初の計画から工事が始まるまでに時間がかかりすぎてしまったようだ。

というのは、計画では駅ビルと山手貨物線に挟まれた狭い場所に6両編成分のホームが1面2線設けられる予定だったのだが、年月を経るうちにとてもターミナルとして使える規模ではなくなってしまったからだ。その間の東京西郊の人口の増加は並大抵なものではなく、都内に向かう通勤通学客も年々増加していた。ホームの延長や増設をしようにも、敷地が限られていてままならなかった。結局、西武鉄道は新宿駅乗り入れを断念することになった。

私事になるが、私の家も1950年代の終わりに都内から都下西郊に移った。父は郊外の家から都内に通勤していた（当時の会社員の典型だったわけだ）。引っ越した当時、家の周囲には武蔵野らしい雑木林や畑が残っていたのだが、それから数年の間にあたりには住宅や団地が立ち並んでしまったから、西武鉄道の新宿駅乗り入れ断念の事情はもっともだという気がする。

時代は少し後の話になるが、その後の西武新宿駅と西武鉄道新宿駅乗り入れについて、ここでまとめておく。

１９７７（昭和52）年３月３日、プリンスホテルとショッピングプロムナードを併設した地上25階地下４階の西武新宿駅ビルが完成し、西武新宿駅は10両編成が発着可能な頭端式のホーム２面３線を有する本格的なターミナルになった。

西武新宿線の新宿駅乗り入れ問題はこれで一段落かと思いきや、１９８０年代に入るとまた新たな計画が持ち上がった。それは、西武新宿線のラッシュを解消するために新宿～上石神井間に急行線を建設して、複々線化するという計画だった。急行線は既存の路線の地下に建設する、新宿駅は西武新宿駅の地下ではなく国鉄新宿駅東口の地下２階に設け、コンコースを介して国鉄や地下鉄の新宿駅と連絡するという予定だったのだが、建設費の高騰や沿線人口増加の頭打ちなどによる事情で、この計画は立ち消えてしまった。

それでも、西武は諦めない。１９８０年代の末、またしても新宿駅乗り入れの話が復活した。今度は新宿貨物駅廃止に伴う新宿駅南口の再開発に関連した計画で、貨物駅跡地に百貨店を誘致するという話が持ち上がると、西武グループは「西武百貨店を建設し、地下に西武鉄道の新宿駅を設ける」というプランを提出した。しかし、出店店舗は高島屋に決まり、西武鉄道の新宿駅乗り入れ計画はかなわなかった。

結局、西武鉄道の新宿駅は仮駅舎開業から約70年、現在の場所にある。ＪＲ線などとの乗りかえに不便を覚える人も多いだろうが、西武新宿線のターミナルが西武新宿駅と高田馬場駅に二分されることによって、ラッシュ時の混雑の緩和が図られている利は大きい。また、西武新宿駅は歌舞伎町の繁栄に貢献しているということもよく言われる。実際、新宿南口に西武鉄道新宿駅の建設話が持ち上がったときには、最寄り駅がなくなって寂れることを危惧した歌舞伎町商店街が西武鉄道の延長に反対したという記録も残っている。

新宿に地下鉄が通った

１９５９（昭和34）年3月15日、帝都高速度交通営団（現・東京メトロ。以下営団）の地下鉄丸ノ内線霞ケ関〜新宿間が開業し、初めて新宿駅に地下鉄が乗り入れた。

丸ノ内線の開業は、東京では銀座線に次いで2番目である。しかし、１９２７（昭和2）年に上野〜浅草間で開業し、１９３９（昭和14）年1月15日に全通した銀座線に比べると、開業年に20年もの開きがある。これはなぜか。

実際には、１９２５（大正14）年には「新宿に地下鉄を」という計画が立案されていたのである。この年、内務省の「東京都市計画高速度交通機関路線網」の第4号線が、「新

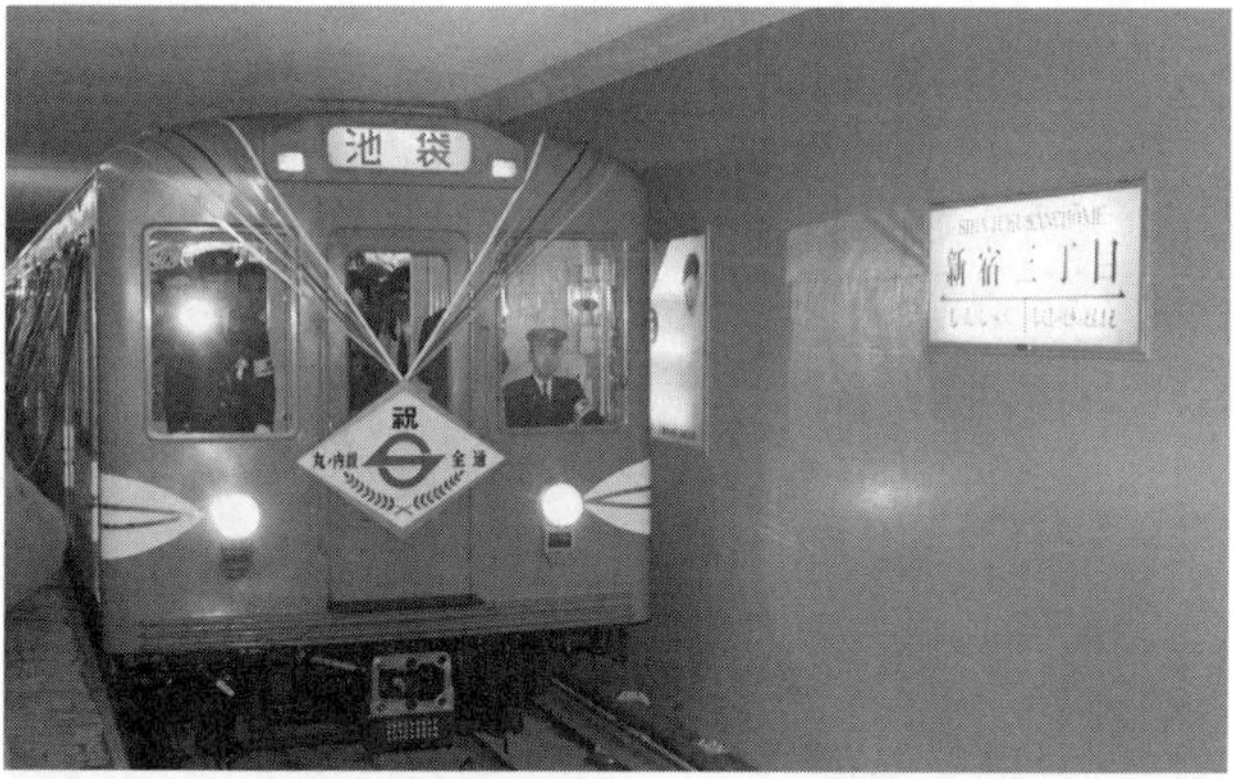

丸ノ内線全通記念列車　1959（昭和34）年　所蔵：新宿区立新宿歴史博物館

宿～四谷見附～築地～御徒町～本郷三丁目～大塚」として告示されていた。このうち新宿～築地間は銀座線の渋谷～新橋間を建設・運営した東京高速鉄道によって計画され、１９４１（昭和16）年に発足した営団が１９４２（昭和17）年6月に四谷見附～赤坂見附間の工事に着手した。しかし工事は、戦局の悪化によって中断されてしまったのである。

戦後、ルートの見直しが行われ、工事が再開されたのは１９５１（昭和26）年だった。１９５４（昭和29）年1月20日にまず池袋～御茶ノ水間が開業。順次路線が延長され、１９５９（昭和34）年に新宿～池袋間の開業を迎えた。

ちなみに、１９３８（昭和13）年6月に開業した銀座線赤坂見附駅は計画段階から丸ノ内線との連絡駅として設計されていて、２層構造の駅として開業

現在のメトロプロムナード　撮影：著者

した。新宿駅から新橋や浅草へ、同一方向の乗りかえは同一ホームの向かい側でできる便利な構造で、設計者の先見の明に感じ入る。

丸ノ内線新宿〜荻窪・方南町間（同区間の当時の呼称は荻窪線）の工事は、新宿駅開業前日の３月14日に始まり、１９６２（昭和37）年に全線が開業した。新宿駅、追分に新宿三丁目駅、大木戸と追分のほぼ中ほどに新宿御苑駅と、この時点で新宿を名乗る駅が３駅設けられている。新宿駅から新宿三丁目駅までは３００メートル、新宿三丁目駅と新宿御苑駅の間は７００メートルほどしか離れていないが、当時すでにそれだけの利用客が見込まれていた。３００メートルという駅間距離は、地下鉄では最短である。

工事はほぼ全線が開削工法で建設された。すなわち、新宿通りを通行止めにして穴を掘り、地下2階部分にホームをつくり、地下1階に改札口とコンコースを設け、最後に土を被せて新宿通りを復元した。新宿駅と新宿三丁目駅の間は地下1階部分を通路でつないで、新宿では初の地下街「メトロプロムナード」が誕生した。今から考えると、まるで映画の中の出来事のような凄い工事だ。

話が前後するが、丸ノ内線開業11年前の1948（昭和23）年12月24日、新宿駅前を起点にしていた都電が靖国通りに移設されている。1950（昭和25）年には新宿通りから自動車が閉め出され、日本初の歩行者天国が実施された。翌年10月には新宿通りにグリーンベルトが設けられ、買い物客に好評だったが、グリーンベルトは丸ノ内線の工事に伴い撤去された。しかし、このときから新宿駅から中村屋や紀伊國屋、伊勢丹、三越などへ、プロムナードを通って行けるようになったわけだ。

人々が新宿駅からレジャーに繰り出す。西武新宿線や丸ノ内線が新宿に乗り入れる。地下街ができる。昭和20年代の後半から30年代にかけての新宿の変化は著しい。経済白書の序文に「もはや戦後ではない」と記された1956（昭和31）年前後、時代は間違いなく高度経済成長期に向かって動き始めていた。

第3章

高度経済成長期の光と影

1957年頃〜1987年【昭和中期〜後期】

新性能電車時代の幕開け

日本は１９５４（昭和29）年12月から１９７３（昭和48）年にかけての18年間、年平均10％以上の経済成長を続けた。いわゆる高度経済成長期である。１９６８（昭和43）年には国民総生産（ＧＮＰ）が西ドイツを抜いて世界第２位になった。神武、岩戸、いざなぎと好景気が続き、東京オリンピックや大阪万博の開催、列島改造論も、経済状況を後押しした。

新宿の街も明るく華やかに変化を続け、１９６１（昭和36）年頃から建築ラッシュが始まった。同年、東口の厚生年金会館や西口の安田生命ビル、翌年には新宿通りに新宿高野、中村屋、丸井新宿店などのビル群が次々に建設された。１９６４（昭和39）年３月には紀伊國屋本店ビルが竣工し、４階に紀伊國屋ホールがオープンした。夜ともなれば歌舞伎町を中心にネオンがきらめき、たくさんの客を呼び込んだ。

新宿駅にはカラフルでかっこいい電車が登場した。その筆頭が、１９５２（昭和27）年に颯爽と登場した小田急の特急専用電車、（初代）３０００形ＳＥ車だ。

ＳＥは「スーパー・エクスプレス（Super Express）」の略で、小田急だけでなく、国鉄

3000形SE車　1957（昭和32）年　所蔵：交通新聞社

の鉄道技術研究所の協力も得て開発された。すなわち当時の日本の車両技術の総力を結集して製造された画期的な電車で、日本初となったディスクブレーキの採用など、数々の新技術が盛り込まれた軽量高性能電車だった。流線形の前頭部、連接車体の８両編成、オレンジとグレーに白帯という外観も、「電車は四角で茶色の箱形のもの」という従来のイメージを一新した。

ＳＥ車は９月27日に国鉄東海道本線の函南《かんなみ》～沼津間で速度試験を行い、１４５㎞／ｈという、当時の狭軌鉄道の世界最高速度記録を樹立した。ＳＥ車の技術開発がのちの新幹線車両の開発に直結したということは、鉄道関係者の間ではよく知られている。

世界記録樹立のニュースはマスコミで大きく取り上げられ、ＳＥ車は大変な人気を呼んだ。終戦から7年。まだまだ敗戦の重荷を背負っていた日本人にとって、世界一という記録は格別嬉しいものだったに違いない。

ＳＥ車は10月1日から新宿〜箱根湯本間の運用に入ったが、特急券の入手は困難で、乗車できなくてもひと目その姿を見たいという見物人が大挙して新宿駅に押し寄せた。斬新なデザインと世界一のスピードは、高度経済成長期の子どもたちにも大きな夢を与えた。ＳＥ車誕生の2年後に生まれた私が幼児期に眺めた乗り物図鑑や電車絵本の表紙にも、ＳＥ車が描かれていた。

新宿駅がカラフルに

国鉄の車両といえば、ぶどう色の電車や客車、それに黒一色の機関車や貨車。ホームにたたずむ人々は、冬は黒や灰色の外套や背広や学生服、夏は白いワイシャツ姿。戦後のある時期まで、新宿駅は「色彩を持たない」駅だった。

その無彩色の世界に、ある日突如オレンジバーミリオン色の90系電車が姿を現し、乗客の目を見張らせた。１９５７（昭和32）年12月26日のことだ。

中央線に登場した90系は前面形状こそ当時の国電の主力だった72系全金属車を踏襲していたが、オレンジ色の塗色と幅広の両開きドア、標準装備となった扇風機、40kWの明るい蛍光灯など、見た目も車内設備も一新されていた。走行機器関係では、吊り掛け駆動に代わって中空軸平行カルダン駆動が採用され、主電動機は100kWのMT46A形、電動車2両を1組とするMM'方式、電磁直通ブレーキなどの新機軸が採用された。

90系はその後に続いた特急形151系（登場時20系）、急行形153系（登場時91系）、近郊形401系や111系などの先駆けをなした車両で、これら昭和30年代に新たに登場した電車は「新性能電車」と呼ばれた。新性能電車の形式は、1959（昭和34）年の称号改正時に3桁とされ、90系は101系になった。

1961（昭和36）年9月5日には、山手線にカナリアイエロー色の101系が登場した。1963（昭和38）年12月28日からは、ウグイス（黄緑）色の103系が山手線に投入され始め、カナリア色の101系は中央緩行・総武線に移動した。

1964（昭和39）年の東京オリンピックを機にカラーテレビが普及した。写真もモノクロからカラーの時代に入った。色彩にあふれた時代を迎えつつあった当時、新型のカラフルな電車がまず新宿駅を中心とする路線に投入されたことは、当時の新宿駅の重要性を

キハ25形　準急「房総」　1960（昭和35）年　所蔵：交通新聞社

明確に表しているといえるだろう。オレンジの中央線、黄緑の山手線、黄色の総武線という電車の塗色は、のちに各路線のラインカラーとして定着している。

中長距離列車を見てみれば、新宿駅を起点とする列車で黒やぶどう色以外の車両と言えば、山スカ70系電車と、房総方面の臨時快速などに使用されていたキハ４５０００系（のちのキハ17系）くらいで、黒やぶどう色ではないものの、ともに青とクリーム色のツートンカラーという比較的地味な配色だった。

１９５９（昭和34）年7月1日、新宿駅発着の房総準急、その名も「房総」が運転を始めた。準急「房総」は、新宿発総武線経由銚子行き、房総東線（現・外房線）経由安房鴨川行き、房総西線

(現・内房線)経由安房鴨川行きの3本の列車が併結されて出発し、千葉駅で3方面に分かれていた。房総東線で安房鴨川に着いた下り「房総」は、そのまま房総西線の上り「房総」として(逆回りも同様)千葉で併結されて新宿に向かっていた。つまり準急「房総」は、新宿駅発・新宿駅行きの循環列車で3階建て列車でもあるという、相当にユニークな列車だった。

このとき準急「房総」に用いられたキハ25形は、朱色の車体で窓回りがクリーム色という、明るく派手な塗色をしていた。

同年9月22日には、新宿〜日光間に季節準急「中禅寺」が登場した。「中禅寺」には、準急用ながら特急並みの内装や設備を備え、151系特急電車に似た配色の157系が用いられた。

翌1960(昭和35)年4月25日には、客車準急「アルプス」が気動車急行に昇格して、急行気動車色のキハ55系で運転を開始した。「アルプス」は翌1961(昭和36)年10月1日のダイヤ改正時に急行「上高地」や「白馬」とともに新製のキハ58系に置き換えられた。この改正では、新宿〜松本間気動車急行の間合いを利用して八高線経由で新宿と高崎を結ぶ準急「奥利根」が登場した。

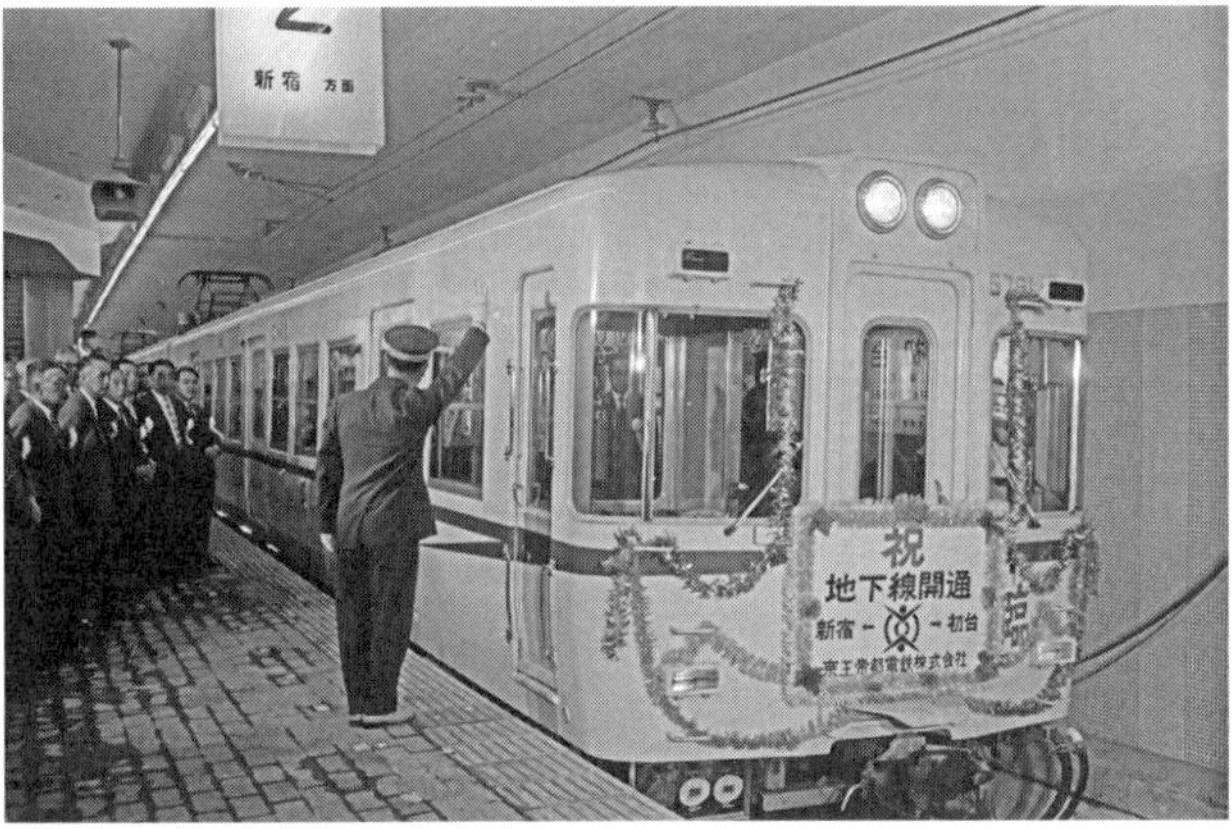

新宿～初台間地下線開通出発式　京王線5000系　1964（昭和39）年
所蔵：交通新聞社

１９６３（昭和38）年４月28日には、新宿～甲府間に臨時電車準急「臨時かいじ」が登場。使用車両は１６５系で、塗色は緑２号＋黄かん色、いわゆる「湘南色」だった。

かくして国鉄新宿駅には、路線や列車種別ごとにオレンジ、黄色、黄緑、赤、クリーム色、青、緑など、多彩な車両が行き交うようになった。この頃から国電のイメージが大きく変わったような気がする。

一方、新宿に集まる私鉄電車はといえば、丸ノ内線はスカーレットミディアム＋窓下には白帯とシルバーの「サインウェーブ」、京王電鉄はグリーン１色から５０００系のアイボリー＋赤帯に、小田急電鉄は黄色とブルーのツートンカラーからアイボリー＋青帯に、西武はラズベリーレッドとトニーベージュの通称「赤電」色からレモンイエローへと、それぞれ変化していく。私鉄の場合は、国鉄との差別化や企業のイメージ戦略などによってカラフルな車両が増えたのだろう。

新宿駅の乗降客数が再び日本一に

高度経済成長期、東京郊外の人口は爆発的に増加し、通勤通学電車の状況は「酷電」と形容されるほどの凄まじさだった。

１０１系、１０３系などの新性能電車の登場は、明るく快適な車両に置き換えるだけではなく、通勤通学ラッシュを軽減させるためでもあった。

新性能電車の両開き4扉は、乗降時間を短縮した。ドアの幅の分だけ床面積も広がった。また、電動車の比率を高めにして（１０１系は登場時には全車電動車だった）、電動機やブレーキの性能をアップさせることによって運転間隔を短縮し、少しでも多くの電車を走らせようとする意図があった。当時のラッシュアワーはそれほど過酷だった。

地獄のラッシュが続いていた１９５５（昭和30）年10月24日、とうとう新宿駅に大学生アルバイトによる「押し屋」第１号が登場した（これも新宿駅が日本初だ）。ご存じの方

新宿駅　通勤ラッシュ時の「押し屋」の様子　1965（昭和40）年
所蔵：交通新聞社

も多いと思うが、「押し屋」とは乗降時に乗客を車内に押し込んだりドアからはがしたりする係のことである。厚着で着ぶくれする季節には、ラッシュはますます辛くなる。冬季、新宿駅では１日に延べ１３０人もの「押し屋」が働いていたという。

新宿駅の改良も相次いで行われた。１９６４（昭和39）年５月20日、東口に地上８階地下３階のステーションビルが開業した。９月30日には新宿駅第３・第４ホーム（現・13〜16番線）が70メートル延伸され、北通路は５メートルから18メートルに拡幅された。１９６５（昭和40）年９月25日には新宿駅に「みどりの窓口」が設置され、座席予約コンピュータ「マルス１０２」が始動。１９６６（昭和41）年11月30日、新宿駅西口立体広場が完成。１９６７（昭和42）年７月３日、中央通路の幅が20メートルに拡幅されて京王線への連絡通路ができ、11月に西口駅舎が竣工。１９６８（昭和43）年10月１日には自動券売機が設置された。

ホームや通路の延伸および拡幅、自動券売機の設置は人の流れをスムーズにするための工事だったが、それでも朝夕のラッシュ時には通路やホームに人があふれ、新宿駅では階段止めが行われたりした。もちろん、押し屋も奮闘していた。

新宿駅を起点とする私鉄各社も沿線人口の急激な増加に対応すべく、さまざまな輸送力増強対策を講じた。

京王電鉄は1963（昭和38）年4月1日に新宿地下駅を開業し、甲州街道上の併用軌道区間を解消した。8月には架線電圧を600Vから1500Vに昇圧し、同時に初代5000系電車を投入。10月1日から新宿〜東八王子（現・京王八王子）間で特急電車の運転を開始した。1968（昭和43）年5月11日には5000系の増備車に冷房車が登場。これは、関東地方で初の通勤電車の冷房車だった。

小田急電鉄では、1964（昭和39）年2月17日、小田急新宿駅の第一次改良工事が終わり、地上3線地下2線の上下2層式の駅が完成した。同年11月、小田急自社発注通勤形電車初の20メートル車2600形が登場し、急行電車の8両編成運転を開始した。2600形は登場当時、日本で最も乗車定員の多い車両だった。1967（昭和42）年には各駅停車や準急電車でも大型車による6両編成運転を開始した。

西武鉄道は、1957(昭和32)年に同社初の全車20メートル級車体の大形車両501系を登場させた後、1962(昭和37)年に同社初のカルダン駆動車601系、翌年701系、1967(昭和42)年に801系、1969(昭和44)年に101系と、次々に大形の新型電車を登場させた。1967(昭和42)年1月からは、西武新宿〜田無《たなし》間で急行電車の8両運転を開始した。


国鉄、私鉄各社の輸送力増強対策が進んだ1966(昭和41)年、新宿駅の乗降客数は1日平均82万1883人になり、再び公式に日本一となった。1931(昭和6)年に乗降客数日本一となってから数年の間、地位を保っていたことは確かなのだが、1935(昭和10)年を最後に国力に関わるデータが非公開とされたり、統計自体が取りやめられたりして、駅ごとの乗降客数は不明だった。

間に戦争を挟んで、乗降客数日本一。これが新宿という駅で、以降現在に至るまで毎年乗降客数トップの座に君臨している。

新宿駅初の特急「あずさ」登場

新しい駅ビルが建ち並び、カラフルな新性能電車がひっきりなしに行き交い、乗降客数日本一になった新宿駅に欠けているものとは何だったか。それは「特急」だった。新宿駅に発着する特急は私鉄だけで、それも小田急のロマンスカーと特急料金不要の京王特急だけだった。

かつて、国鉄の特急はそれこそ特別な列車だったのだ。戦前には「富士」や「燕」など、数本の限られた特別急行列車が東海道と山陽路だけを走っていた。戦後になって常磐・東北線に「はつかり」が登場し、１９６１（昭和36）年10月１日、函館本線、奥羽本線、信越本線、日本海縦貫線、山陰本線、長崎本線、日豊本線など、日本の主要幹線に北から南まで特急網が張りめぐらされた。１９６４（昭和39）年10月１日には東海道新幹線が開業した。しかし、東京の中心を走る中央線に特急は走っていなかった。

特急「あずさ」登場の２年前の１９６４（昭和39）年８月23日、中央線の甲府〜上諏訪間の電化が完成し、同年10月から定期電車急行「たてしな」が運転を開始した。翌年５月20日には篠ノ井線松本までの電化が完成し、７月１日から気動車急行「アルプス」や「上高地」が165系を用いて電車急行化された。10月1日には愛称名の整理が行われ、昼行急行7往復は「アルプス」に統合され、夜行急行は「穂高」となり、中央線の優等列車は「アルプス」の天下となった。けれども、さらなる高速性や快適性を求める利用客の声は大きく、中央線の電化や複線化も進展し、特急登場の気運が高まっていた。

新宿駅や中央線沿線各駅に特急「あずさ」登場のポスターが貼られたのは運転開始のかなり前からで、中央線利用者の期待は日に日に増していった。特急「あずさ」は信越特急「あさま」とともに1966（昭和41）年10月1日から運行を開始する予定だったのだが、初狩～初鹿野《はじかの》（現・甲斐大和）間の複線化工事が遅れて、運転開始は12月までずれ込む。12月12日、中央線に、そして新宿駅に、とうとう待望の特急「あずさ」が登場した。

特急「あずさ」に使用されたのは、電車特急の元祖「こだま形」151系に山岳線用の抑速ブレーキと耐寒耐雪構造を施し、主電動機を強力な120kWのMT54に換装した181系で、中央線の小径トンネル向けに運転席上の前照灯を外し、パンタグラフの折りたたみ高さを40ミリ下げて用いられた。

編成は1等車2両と食堂車1両を組み込んだ10両編成。運転開始当初のダイヤは、1M下り「第1あずさ」が新宿発8時、松本着11時57分、2M上り「第1あずさ」が松本発8

特急「あずさ」 181系 勝沼駅 1970（昭和45）年 所蔵：交通新聞社

時、新宿着11時58分、３Ｍ下り「第２あずさ」が新宿発16時20分、松本着20時18分で、４Ｍ上りの「第２あずさ」が松本発15時10分、新宿着19時08分だった。途中の停車駅は甲府と上諏訪のみで、それまでの電車急行に比べ、新宿〜松本間の所要時間を40分以上短縮した。

新宿駅と中央線の利用者、あらゆる関係者の大きな期待のもとに登場した「あずさ」だったが、あろうことか運転開始初日に不運な事故が起こってしまった。新宿駅で盛大な出発式が行われ、処女列車として送り出された下り「第１あずさ」が甲府駅を出発したところで耕耘機《こううんき》と衝突し、その後の運転が不可能になったのだ。「あずさ」は牽引されてやむなく甲府駅まで引き返し、１６５系急行形電車をピンチヒッターに仕立てて、なんと

小田急ロマンスカー3100形NSE　1963（昭和38）年　所蔵：交通新聞社

か松本駅まで乗客を送り届けることができた。
もちろん、その後の「あずさ」は期待通りの活躍を見せて、ダイヤ改正のたびに運転本数を増やしていった。

新宿駅を起点とするもう一つの有料特急、小田急ロマンスカーはというと、1963（昭和38）年3月16日、NSE（New Super Express）車3100形が登場した。NSE車は小田急で初めて運転席を2階に上げ、先頭車（編成両端）に前面展望席を設けた車両である。前面展望席は大変な人気を呼び、以降、小田急ロマンスカーの代名詞となっていく。

NSE車はたしかに相当かっこよかった。そういえば、小学校のクラスにNSE車の前面展望席に乗車した子がいて、彼はクラス中の子に話をせがまれ、かなり長いことクラスのヒーローになっていた。

ＮＳＥ車は室内設備も特急にふさわしい仕様という評判で、座席は回転クロスシート、3号車と9号車に喫茶カウンターが設けられ、冷房も完備された。登場時には4編成が投入され、ＳＥ車4編成と合わせて新宿〜箱根湯本間で30分ヘッドのダイヤが組まれた。その後3編成が増備されて、１９６７（昭和42）年には箱根特急はすべてＮＳＥ車で運転されるようになった。

新宿駅初の特急「あずさ」と小田急ロマンスカーは、もう半世紀以上も新宿駅を代表する看板列車であり続けていることになる。

新宿から都電が消えた日

華やかに登場するニューフェイスもあれば、惜しまれつつも消えゆく老兵もいる。

庶民の足としてがんばっていた都電の乗客数は、１９５５（昭和30）年に1日あたりの平均乗車客数が１７４万８０００人という最高記録を樹立した後、急激に減少した。

都電杉並線新宿終点　1960（昭和35）年　所蔵：新宿区立新宿歴史博物館

地下鉄の開通や都心部人口の減少も乗客数減少の一因ではあるが、なんといってもモータリゼーションの進展による影響が大きかった。自家用車や商用車が急速に増加し、増え続ける車が路面電車の軌道敷内に侵入して電車の通行を妨げ、定時運行がままならなくなってしまったのだ。1959（昭和34）年に自動車の軌道敷内乗り入れが認められると、路面電車離れはますます加速していった。

都電11系統（半蔵門線、勝鬨橋《かちどきばし》線）、12系統（牛込線、九段線）、13系統（角筈線、御茶ノ水線）の3路線が出入りしていた新宿停留場は、路面電車の停留場としては大規模な2面3線を擁していたのだが、増え続ける自動車に靖国通りが占拠され、歩道から停留場へ渡る歩行者の安全も脅かさ

靖国通りの都電新宿終点　1960（昭和35）年　所蔵：新宿区立新宿歴史博物館

れるようになっていた。

１９６３（昭和38）年12月1日、都電廃止の実質的な第1号として、新宿大ガードの西側から荻窪に向かっていた都電14系統杉並線が廃止された。杉並線はピークの１９５７（昭和32）年には1日あたり４２０本が運行され、6万人近くの乗客を運んでいたドル箱路線だったのだが（都電の平均収入の3倍を稼いでいた）、前年に開通した地下鉄荻窪（現・丸ノ内）線に「敗れた」結果となった。

杉並線は都電で唯一軌間が１０６７ミリの狭軌で、１３７２ミリのほかの路線と連絡していなかったことも廃止を一層早める理由となった。杉並線は、もともとは西武鉄道軌道線として開業しており、当初は荻窪から青梅街道に沿って田無まで路線を延長して川越や箱根ヶ崎と新宿を直結する想定だったのだが、都電になった後も軌間は変更されなかった。

続いて1968（昭和43）年2月25日には、新宿〜月島間の都電11系統が廃止され、3月には12、13系統の運転区間が短縮された。

そして1970（昭和45）年3月27日、街鉄の電車が新宿追分に乗り入れて以来、70年近くにわたって新宿の街を走り続けてきた都電12、13系統が廃止され、とうとう新宿から路面電車の姿が消えてしまった。

1955（昭和30）年に新規開業したトロリーバス102系統も、わずか13年で使命を終え、1968（昭和43）年3月31日に廃止された。

結局、都電11、12、14系統の荻窪駅前〜新宿駅前〜四谷見附間は丸ノ内線に、都電13系統の東大久保〜飯田橋間は大江戸線に、トロリーバス102系統は副都心線に取って代わられたということになる。

新宿から都電が消えてすでに半世紀が経つが、細やかに張りめぐらされていた都電の路線網が消えてしまったのはつくづく惜しい。もしも残っていたら、いまの新宿通りや青梅街道を都電に乗って眺めてみたかった。

カウンターカルチャーの拠点としての新宿

１９７０年前後に新宿区の中学、高校に通っていた私や友人たちは、毎日のように新宿まで歩き、映画を観たり、紀伊國屋書店に寄ったりして帰った。休日も出かけた。買い物でも、飲み食いでも、ただぶらぶらするだけでも、新宿に行きさえすれば用が足りた。

新宿駅から紀伊國屋書店に向かい、面白そうな本を見つけて、紀伊國屋ビルの裏側に抜け、『ＤＵＧ』（ジャズ喫茶）で買ったばかりの本を開く。あるいは『PIT INN』のライブに行く。それが当時の学生や若い社会人たちの欲求であり、スタイルだった。エルヴィン・ジョーンズや渡辺貞夫など、世界的なジャズ・ミュージシャンのライブが聴けるから、『PIT INN』には日本中からジャズファンが押し寄せていた。

１９６０年代から80年代にかけての新宿は、ジャズは無論のこと、文学、美術、映画など、さまざまな分野の文化拠点だったのだ。ジャズ、ブルース、ロックなどのライブコンサートや野外演劇などのカウンターカルチャーがもたらす刺激を求めて、大勢の若者が新宿に群がった。カウンターカルチャーはサブカルチャーと同義に扱われることも多いが、新宿の場合、１９５０年代の歌声喫茶などに対するアンチテーゼ、字義どおりのカウンター

現在の紀伊國屋書店　新宿本店　撮影：著者

『PIT INN』のライブチケット
撮影：著者

現在の『DUG』　撮影：著者

という面を持っていたと思う。

１９６７（昭和42）年2月、状況劇場の唐十郎は『PIT INN』で山下洋輔とジョイント公演を行い、8月には花園神社に紅テントを建て「腰巻きお仙」の公演を行って大反響を呼んだ。唐は１９６９（昭和44）年1月に新宿西口公園に紅テントを建ててゲリラ公演を行い、都市公園法違反で現行犯逮捕されたりもした。新宿西口公園事件である。

そんな「熱い」芝居やライブが終わると、ゴールデン街に流れ込む。もう時効だと思うが、高校生も飲んでいた。終電を逃すと朝まで飲み屋にいて、始発電車で帰宅するということがごく当たり前に行われていた。都電の線路が残っていた頃には、映画「スタンド・バイ・ミー」のシーンさながらによろけながらレールの上を歩いて新宿駅に向かう大人もよく見かけた。

宵越しの酔客を迎え入れる新宿駅は早朝から相当な混雑ぶりを見せており、普通はガラガラなはずの日曜朝の始発電車も立ち客が出るほど混んでいたことを、時代のアナーキーなムードとともに思い出す。時代は「政治の季節」だった。

コラム③

新宿駅事件簿

巨大駅やその近辺は、ときとしてさまざまな事件の舞台になる。

戦前の重大事件といえば、東京駅で2人の首相が殺害されたことだ。1921(大正10)年11月4日に「平民宰相」原敬が、1931(昭和5)年11月14日に「ライオン宰相」濱口雄幸が襲撃された。原は即死、濱口は事件の翌年に亡くなった。

戦後、あたかも事件の舞台が東京駅から新宿駅に引き継がれたかのように、新宿駅の周辺でさまざまな大事件が立て続けに起こっている(以下編年)。

1967(昭和42)年8月8日、米軍燃料輸送車火災事件
1968(昭和43)年10月21日、新宿騒乱事件
1969(昭和44)年6月28日、西口フォークゲリラ事件
1980(昭和55)年8月19日、新宿駅西口バスジャック事件
1995(平成7)年5月5日、オウム真理教信者新宿駅青酸ガス事件

米軍燃料輸送車火災は、新宿駅北側の大ガード付近で米軍のジェット燃料輸送列車に貨物列車が衝突し

てタンク車4両が脱線、積み荷の石油が引火炎上して起こった。新宿駅を中心とする列車の運行が丸1日不通になった。国内外を通じてベトナム戦争反対の運動が巻き起こっていた頃で、列車衝突という重大な事故とともに、米軍のジェット燃料輸送自体が批判を浴びた。

翌1968（昭和43）年10月21日の国際反戦デーには、過激派学生による新宿駅構内騒乱事件が起きる。1969（昭和44）年には毎週末、新宿駅西口広場で反戦フォーク集会が行われた。6月28日から翌29日にかけては1万人近くもの聴衆が集まり、機動隊が出動してガス弾で制圧する事態になった。以後、新宿駅西口地下は「広場」ではなく「通路」とされ、集会などが禁止された。

新宿駅西口バスジャック事件は西口バス乗り場に停まっていた京王バスの路線バスが放火された事件だ。6人が死亡、14人が重軽傷を負った。あまりにも身近な場所、身近な乗り物で起きた凄惨な事件に唖然とした記憶がある。

新宿駅青酸ガス事件は3月に起きた地下鉄サリン事件の後で、オウム真理教の教祖浅原彰光の逮捕を阻むために社会に混乱を起こそうとした信者が新宿駅地下のトイレに青酸ガスの発生装置を仕掛けた事件。清掃作業員、駅員によって装置が発見され、事件は未遂に終わった。不特定多数の民間の人間を殺戮する目的で大勢の人が行き交う新宿駅が選ばれたという。平成に入って7年目に起きた事件だった。

京王プラザホテル（右）と西口の高層ビル群　撮影：著者

西口に摩天楼現る

新宿駅東口で仮設テントや小劇場での芝居、ジャズやロックのライブが人気を集めていた頃、西口では大規模な副都心開発が行われていた。

１９６０（昭和35）年６月23日、新宿西口再開発のために新宿副都心建設公社が発足する。新宿副都心の起工式が行われたのは１９６４（昭和39）年２月10日で、ここから新宿駅西口一帯にそびえ立つ高層ビル群の建設が始まった。

これに伴い、１９６５（昭和40）年３月31日に淀橋浄水場が閉鎖した（東村山浄水場に機能を移転）。１９６８（昭和43）年２月には広重の浮世絵にも描かれた十二社池が埋め立てられて姿を消した。

建築基準法も改正され、まず１９６５（昭和40）年12月に現在のＫＤＤＩビルの東側付近に当時日本一といわれた16階建ての太平ビルが完成した。わずか16階でも当時は驚きの高さで、大都会のシンボルとして映画やドラマの背景に使われたりもした。

新宿副都心造成工事が完成したのは１９６８（昭和43）年３月31日で、翌日新宿中央公園がオープンした。

そして迎えた１９７１（昭和46）年６月５日、日本初の本格的なスカイスクレイパー、高さ１７０メートル、地上47階、地下３階の京王プラザホテルが完成する。太平ビル完成からわずか５年半で、日本一は16階建てから47階建てまでになったのだ。以降は雨後の竹の子のように次々に高層ビルが建ち上がっていく。

１９７４（昭和49）年３月６日、新宿住友ビル竣工（地上52階、地下３階）
１９７４（昭和49）年７月１日、ＫＤＤビル竣工（地上32階、地下３階）
１９７４（昭和49）年９月30日、新宿三井ビル竣工（地上55階、地下３階）
１９７６（昭和51）年５月１日、安田海上火災ビル竣工（地上43階、地下６階）
１９７８（昭和53）年５月31日、野村ビル竣工（地上50階、地下５階）

といった具合である。

これら高層ビル群は、1966(昭和41)年11月30日に完成した新宿駅西口地下広場と、地下道を介して結ばれていた。

当の新宿駅はというと、周囲に商業ビルが林立した形となった。

1964(昭和39)年11月1日、京王百貨店オープン
1967(昭和42)年11月23日、小田急百貨店本館(地上14階、地下3階)オープン
1976(昭和51)年3月10日、南口駅舎を改装した新宿ルミネがオープン
1984(昭和59)年10月4日、新宿ミロードがオープン、西口に抜ける短絡路モザイク通りが開通

東口のステーションビルは、1978(昭和53)年11月17日に新宿マイシティ(現・ルミネエスト新宿)になった。

これら商業ビルに三方を囲まれた新宿駅はすっかり谷間の駅のような印象になり、以降、駅施設を拡充するためには、南に延びるか地下に潜るかしかなくなった。

視線が上へ上へと引っ張られるような新宿駅西口だが、地上でも新たな「新宿の顔」がオープンした。「新宿西口駅の前」、東京の人なら十中八九頭の中でCMソングのメロディが鳴り響くであろうヨドバシカメラだ。藤沢写真商会が株式会社淀橋写真商会を設立し、小売業を始めたのは1971（昭和46）年2月。現在の新宿西口本店付近にあった最初の店舗はプレハブの平屋だった。当時のヨドバシカメラはカメラと写真用品の専門店で、日参しては黄色いタブロイド判の値段表を睨んで悩んでいる高校生に、返品やメーカーの見本品をこっそり無料で分けてくれたりした。新宿西口広場に「フォークゲリラ」が集まった頃より少し後の話で、世代が少し下の私の中では、新宿西口といえばヨドバシなのだ。

房総特急が運転を始めたものの……

1972（昭和47）年7月15日、新宿駅を起点とする2番目の特急、外房線に向かう「わかしお」と、内房線に向かう「さざなみ」が季節列車として運転を開始した。

同日までに房総東西両線の自動信号化、CTC化、電化が完成し、総武線の複々線化と総武快速線地下線の東京駅乗り入れも完成した。このような房総各線の近代化完成を受けての特急運転開始だった。

183系特急「わかしお」　1972（昭和47）年　所蔵：交通新聞社

高度経済成長期時代から、首都圏への人口集中が激しくなり、都内の地価は上昇しつづけた。都内への通勤・通学圏も北関東各県や山梨県にまで拡大した。ラッシュ時の混雑は凄まじく、国鉄も私鉄各社も、輸送力の増強と駅や車両の設備改善を強く迫られていた。

よく知られていることだが、国鉄は対策として首都圏各線の輸送力増強を目標に掲げた「通勤五方面作戦」を展開した。五方面とは、東海道本線・横須賀線、中央本線、東北本線・高崎線、常磐線、総武本線で、それぞれ複々線化や3複線化、新線建設による線増や、駅およびホームの改良による長編成化を目指していた。同時に、踏切の解消や駅の通り抜けが行えるようにする高架化や地下化工事も行われた。総武線の複々線化や快速線建設も、通勤五方面作戦の一環によるものだった。

新宿駅関連の通勤五方面作戦では、1966（昭和41）年4月に中野～荻窪間の高架複々線化が完成し、地下鉄東西線との相互乗り入れが始まった。1969（昭和44）年4月には荻窪～三鷹間の高架複々線化が完成し、中央緩行・総武線と東西線の電車が三鷹まで延長運転を開始した。この間の1967（昭和42）年7月、東京～高尾間で特別快速の運転が始まった。

車両関係では、1970（昭和45）年7月から山手線に、1972（昭和47）年7月から中央線快速電車に冷房車が投入され始めた。冷房車の人気は非常に高く、新宿駅で非冷房車を2、3本やり過ごして冷房車に乗り込んでみると、車内は異様に混み合っていて、窓を開けて走る非冷房車のほうが涼しく感じられるほどだった。

同じ年、東京中心部の国鉄線から旧型国電が姿を消した。1975（昭和50）年3月には中央線の中長距離客車列車と気動車急行が電車化され、1976（昭和51）年3月には70（71）系電車が引退して、中央線は国電区間も列車区間もすべて新性能電車による運転となった。しかしこの頃になると、新性能電車の101系は登場からすでに20年以上経過して、老朽化が目立つようになってきた。

１９７９（昭和54）年8月、国鉄では初の電機子チョッパ制御（サイリスタチョッパ制御）と電力回生ブレーキを装備した「省エネ電車」２０１系試作車が中央線に登場した。２０１系は１９８１（昭和56）年から量産され、１０１系を置き換えていった。

山手線関係では、１９７３（昭和48）年4月に武蔵野線新松戸～府中本町間が開業し、山手貨物線を経由していた貨物列車の多くが武蔵野線経由になった。後年、線路容量に余裕が生まれた山手貨物線は旅客線に転用されることになる。

さて、房総地区初の特急「わかしお」と「さざなみ」だが、登場時には「特急らしくない特急」と揶揄された。運転距離が１４０キロほどと短く、途中停車駅も多かったためだ。たとえば新宿～松本間は辰野経由で２４１・３キロあるのだが、「あずさ」登場時にはこの距離でも「特急を走らせるような長さではない」という批判があった。房総特急が走る距離はそれより１００キロも短く、加えて、特急「わかしお」は茂原や大原から、特急「さざなみ」は木更津から、各駅停車とまでは言わないが、いまの快速くらいかと思うほどに停車駅が多かった。

もともと房総地区の急行には１０１系や１１３系といった、他の路線では各駅停車に使用されている車両が用いられることがあり、「これで急行料金を取るのか」という不満の声があったところへの短距離特急の登場であり、「こんな特急を走らせるということは実質的な値上げではないか」という声が起こった。

電車が特急と各停に二分化された現在からすると想像しづらいのだが、1970年代あたりまでは、特急は長距離を走るもの、大きな街や駅にしか停まらないものという認識が一般的で、房総方面は料金の安い急行で十分だという意見も多かったのだ。

実際、国鉄は東海道新幹線が開業した1964（昭和39）年に赤字に転落し、1966（昭和41）年に31・2％の運賃値上げを行い、1969（昭和44）年にも列車の等級制廃止に伴う料金改定を行うというシビアな状況にあった。

新線建設や線路増設の計画が発表されると、たちまち周辺の地価ははね上がる。高度経済成長時代が先に進むにつれて、高架線や新駅、車両基地の建設費も膨張する。国鉄の赤字が膨らみ、乗客の負担も増していく裏側でいったい誰が儲けていたのかという話はさておいて、国鉄は赤字が膨らむ中でも線路を増やさなくてはならなかったし、新車両を製造しなければならなかった。ゆえに国鉄は、座席を簡易リクライニングシートにするなど、181系をグレードアップした183系特急形電車を製造して房総特急運転開始時に投入した。

しかし、特急「わかしお」と「さざなみ」は１９７５（昭和50）年に全列車が東京駅発着となってしまう。これは、新宿駅発着の房総特急に人気がなかったためではない。新宿駅と総武線の容量による発着駅の変更であり、通勤電車の運行を優先すると、特急電車を新宿発着で走らせる余裕はなかった。

アルプス広場に集う山男・山女

房総特急が新宿駅から姿を消しても、１８３系が消えたわけではなかった。１９７３（昭和48）年10月1日のダイヤ改正で特急「あずさ」は10往復になり、L特急に指定された。また、一部の「あずさ」に１８３系が投入された。しかし、この改正から「あずさ」の食堂車が廃止されてしまった。１９７５（昭和50）年12月9日には全「あずさ」が１８３系と信越線向け（横軽対策車）１８９系に置き換えられ、１８１系は「あずさ」から引退した。

甲信の山に向かう列車は新宿駅の華だったのだが、当時、北アルプスの槍穂や後立山などに向かう人々の多くは、特急「あずさ」は利用せず、もっぱら新宿発の夜行列車に乗っ

アルプス広場で列車を待つ人々　1976（昭和51）年　所蔵：交通新聞社

ていた。１９７２（昭和47）年３月のダイヤ改正から１９７５（昭和50）年３月の改正までの間が夜行列車運転のピークで、黄金週間や夏休みには、定期と臨時、急行、普通列車を合わせると10本前後の夜行列車が夜ごと新宿駅を出発していた（面白いことに、多数の臨時列車が運転されるのは下り列車のみ。帰りは各々バラバラに帰京するため、上りの夜行列車は２～３本しか運転されていなかった）。

夜行列車は急行も普通列車もほとんどの座席が自由席で、座席を確保しようとする乗客が夕刻からホームにあふれている光景は、当時の新宿駅の名物だった。アルプス行きの列車はそれほどの人気で、ホームの混雑を解消するため、１９７０（昭和45）年７月に北通路と中央通路を結ぶ地下道に列車待合所が完成した。待合所は１９７４（昭和49）年10月に拡張され、「アルプス広場」と名付けられた。

私も何度かアルプス広場で夜行列車を待ったことがある。週末の夜ともなると新宿駅の地下通路は酔客であふれて並大抵ではない騒ぎだったのだが、アルプス広場に集う山男、山女たちは大人数でも静かだったと記憶している。

戦前から運転されていた新宿駅23時55分発の普通客車列車、４２５列車は夜行列車の中でも特に人気が高く、１９７５（昭和50）年のダイヤ改正で電車化（４４１Ｍ）された際には、登山愛好家や客車列車ファンが集まって「４２５列車を愛する会」が結成されたほどだった。

私鉄各線の延伸

首都圏人口の増加は、当然ながら新宿に向かう私鉄各線にも大きな影響を及ぼした。

１９６０年代から70年代にかけて、私鉄各線の沿線には多摩ニュータウンをはじめとする大規模団地が続々と誕生した。不動産業などを行うことが禁じられていた国鉄とは異なり、私鉄各社は自社の沿線に宅地を造成したり、広大なキャンパスを用意して都内の大学を誘致したりした。

1960年代の後半の動きとしては、1967（昭和42）年10月1日に京王高尾線、1968（昭和43）年5月15日に西武拝島線が開通している。高尾線のめじろ台駅周辺では大規模な住宅地の造成も行われた。1978（昭和53）年には拝島線玉川上水駅近くに国立音大が移転している。

多摩ニュータウンの事業が決定したのは、1966（昭和41）年の暮れだった。それから5年ほど経った1971（昭和46）年から入居が始まったが、小田急多摩線が小田急永山まで開業したのは1974（昭和49）年6月になってからだ。同年10月に京王相模原線が京王多摩センターまで開通した。翌年、小田急多摩線も小田急多摩センターまで延伸開業した。

1974（昭和49）年時点で多摩ニュータウンの入居者は3万人に上り、このうち相当数が京王線、小田急線を利用して新宿へ、都内へと通勤を始めた。

多摩ニュータウンの周辺には、中央大学、多摩美術大学、明星大学、帝京大学、恵泉女学園大学、大妻女子大学など多数の大学が都内から移転し、通勤客の流れとは逆に新宿から多摩ニュータウンや八王子方面に向かう学生が増えた。

多摩ニュータウン開発に伴う、小田急永山駅・京王帝都永山駅
新線建設工事の様子　1973（昭和48）年　所蔵：交通新聞社

これだけ大規模な人の動きを静観するわけにはいかない。小田急、京王とも、線増、地下鉄との相互乗り入れによる乗りかえ混雑の解消、駅そのものの改良など、さまざまな対応策を講じている。

小田急は１９７８（昭和53）年３月、代々木上原で営団千代田線と相互直通運転を開始し、新宿駅に向かう乗客の一部を霞ケ関や大手町方面に振り分けた。１９８２（昭和57）年４月には小田急新宿駅の改良工事が完成。各ホームが10両編成に対応できるようになった。

１９７８（昭和53）年10月には京王新線が開通し、甲州街道地下に新線新宿駅が開業した。１９８０（昭和55）年３月には新宿駅２番目の地下鉄路線、都営新宿線の新宿〜岩本町間が開

京王新線新宿駅開業式　1978（昭和53）年　所蔵：交通新聞社

業し、京王新線と相互乗り入れを開始した。１９８２（昭和57）年11月には京王新宿駅改良工事が完成し、５面４線８両編成対応だったホームが４面３線10両編成対応になった。

また、１９８４（昭和59）年３月には小田急各線と西武新宿線西武新宿〜所沢間などの貨物営業が廃止され、同月、京王各線でも貨物営業が廃止された。廃止となった貨物輸送は荷物電車や先頭車両の一部を区切っての新聞輸送程度で、運行をやめたところでラッシュの解消には焼石に水程度の効果しかなかったが、それでも荷物輸送を続けるよりはましだった。この間の新宿駅を利用する乗客の急増には、とにかく凄まじいものがある。

時代は少しさかのぼるが、１９７３（昭和48）

年にメトロプロムナードと西武新宿駅を結ぶ地下ショッピングモールの新宿サブナードがオープンしている。新宿サブナードは靖国通りの地下1階部分（出入口の一部は地下2階）に設けられた。西口では高層ビルが完成するたびにビルの地下に向かって地下道が延びていき、新線新宿駅が開業したときには新宿駅の地下道は地下4階まで潜った。

新宿駅とその周辺の地下には地下道が何層かにわたって張りめぐらされ、新線が開通したり新たな地下街が誕生したりするたびに、どの路線のどの駅で乗りかえ、どの通路を利用すれば最短最速で目的地に到着するかが課題になる。このような新宿駅地下はカオスや迷宮に喩えられることもあるが、日々新宿駅を利用する通勤・通学者は、各自の最短、最速あるいは最良の移動ルートを、常にすばやく的確に見いだしてきた。

新宿駅開業100周年と国鉄解体

1984（昭和59）年2月1日、1885年の開業から99年目にして新宿貨物駅が廃止された。そもそも新宿駅は貨物輸送のために設けられたような駅だったのだが、いつしか主役は旅客に移り、旅客線のホームが次々に増設されてきた。1984（昭和59）年時点の旅客ホームは東側から、

第１ホーム（現・７〜８番線）中央線優等列車
第２ホーム（現・９〜10番線）中央線快速上り
第３ホーム（現・11〜12番線）中央線快速下り
第４ホーム（現・13〜14番線）中央緩行線上り・山手線内回り
第５ホーム（現・15〜16番線）中央緩行線下り・山手線外回り

の５面10線となっていた。

それでも貨物駅跡地はまだまだ広大で、山手貨物線本線と第１ホームの間には２本の着発線と仕分線が10線あり、代々木駅寄りの山手貨物線本線の東側には13線の積卸し線、貨車留置線と、入換線、修繕線などが備わっていた。

新宿貨物駅の廃止には、いくつかの理由があった。

まず、貨物列車の形態そのものが変わってきたということがある。鉄道開業以来、貨物列車では一般車扱貨物という貨車１両を単位とする輸送方法が中心となっており、貨物駅や貨物ホームで有蓋車などに貨物を積み込み、操車場で行き先別に編成を組み直すということが行われてきたが、１９８４（昭和59）年に貨物輸送体系の見直しと貨物列車ダイヤの整理が行われ、貨物輸送が「拠点間直行輸送」に切り替えられた。この切り替えは、ＪＲ貨物設立への布石でもあった。

この時点ではまだ客貨双方を扱う一般駅も残っていたが、新宿駅は貨物扱いをやめ、純粋な旅客駅になった。武蔵野線の開通などによって線路容量に余裕が生まれた山手貨物線を旅客線に転用して、山手線や新宿駅の混雑を解消する狙いがあったためと、新宿駅直近の広大な土地の活用が、赤字に悩む国鉄にとって大きな収入源になると目されたためだ。

山手貨物線に旅客列車を走らせることは１９５４（昭和29）年から１９６１（昭和36）年まで新宿～熱海間で運転されていた季節準急「あまぎ」などでも行われていたことだ。新宿貨物駅廃止の翌年10月から山手貨物線を経由して運転を開始したのが新宿～伊豆急下田間の特急「踊り子」で、休日中心の臨時列車ながら、新宿発着は「あまぎ」以来の復活となった。

１９８６（昭和61）年３月には、新宿～池袋間で山手貨物線を利用して埼京線の乗り入れが開始された。新宿駅には埼京線用の第１ホーム１～２番線が設けられ、もとの１～10番線は順繰りに番号が送られて、３～12番線になった。新宿駅の埼京線ホームが他のホー

185系　新宿駅発特急「踊り子」号　出発式　1985（昭和60）年
所蔵：交通新聞社

ムに比べてかなり南に寄っているのは、山手貨物線本線上にホームが設けられたためである。とまれ埼京線は、新宿駅にとって久々の新規参入路線となった。

この時点では新宿貨物駅の跡地——空き地はまだ広大で、その後の利用法が取り沙汰されている段階だったのだが、振り返ってみれば、貨物駅廃止や埼京線の乗り入れがあった１９８４（昭和59）年～１９８７（昭和62）年頃は新宿駅にとって大きな変革期だった。

１９８５（昭和60）年３月１日は山手線と新宿駅の開業１００周年、３月25日には山手線に２０５系電車が登場、１９８６（昭和61）年11月１日のダイヤ改正ではL特急「あずさ」が下り22本、上り23本に大増発、同日より中央線で

165系パノラマ エクスプレス アルプス使用の臨時列車「しんせんやまなし」
1993（平成5）年　所蔵：新宿区立新宿歴史博物館

通勤快速の運転開始、同年10月には急行「アルプス」から165系電車が引退、翌年3月28日から小田急NSE車のように前面展望席を設けたジョイフルトレイン「パノラマエクスプレスアルプス」が運転を開始……。新宿駅にまつわる重要なニュースが立て続いた後で、「その日」はやって来た。1987（昭和62）年4月1日、国鉄の分割民営化により、国鉄新宿駅はJR東日本新宿駅になったのだ。

世間ではバブル景気の萌芽が見られ、地価の暴騰が始まっていた。当時、東京23区の地価でアメリカ全土が買えると聞いたことを覚えている。

時代はかつてない変革期を迎えていた。

コラム④

思い出の山手貨物線と新宿貨物駅

新宿貨物駅跡地に建設中の、『タカシマヤ　タイムズスクエア』と新宿駅新南口　1996（平成8）年　所蔵：交通新聞社

１９８４（昭和59）年２月１日、開業から99年目に新宿貨物駅が廃止された。

１９９６（平成８）年、貨物駅の跡地にタカシマヤ　タイムズスクエアがオープンし、２００７（平成19）年には、ＪＲ新宿駅構内はすべて旅客用のホームで埋まった。山手貨物線を走る列車も、大半が湘南新宿ラインや埼京線、成田エクスプレスなどの旅客列車になってしまった。

しかし、いまでも1日に数本の貨物列車が新宿駅を通り抜けている。ほとんどの列車は旅客列車が運転されていない深夜〜早朝の時間帯に運行されているので、目にする機会がなかなかなく残念だが、ＥＨ５００「金太郎」に牽引された３０８６列車（前日夕刻に札幌貨物ターミナルを出発）は昼日中に新宿駅の１番線を走り抜けている。

山手貨物線電化で消えた蒸気機関車　D51-448　1954（昭和29）年
所蔵：交通新聞社

日本鉄道や甲武鉄道など、鉄道の黎明期に誕生した路線は、本来貨物輸送を目的として建設された。山手線も当初は貨物輸送が中心だったが、旅客数の伸びが大きく、1925（大正14）年4月に品川〜新宿〜田端間の複々線化の工事が完成して、山手線の客貨分離が行われた。このとき、山手貨物線、通称「山貨」が誕生した。

早々に電化された山手電車線に対して、山貨が電化されたのは1954（昭和29）年だった。それまではD52などの大型蒸気機関車が山貨を走行し、新宿貨物駅でも黒煙を噴き上げていたのだ。内田百閒の『阿房列車』でも、目白駅で見た山貨を走るD51の呼び名「デゴイチ」についてのやりとりが、面白おかしく書かれている。

1970年前後には1日あたり200本もの貨物列車が山貨を行き来しており、新宿貨物駅では長時間停車して、貨物の積み卸しをしたり、列車の編成替えをしたりしていた。

コラム❹ 思い出の山手貨物線と新宿貨物駅

山貨では、伊豆方面への季節列車や、原宿の皇室ホームに発着するお召し列車が運転されることもごく稀にあったが、主役はあくまで貨物列車だった。山貨は品鶴線と東北貨物線や隅田川貨物線を結ぶ首都圏物流の大動脈であり、新宿貨物駅は高度経済成長期の物流拠点だったのだ。

新宿駅の構内には多くの複雑なポイントが連なっていて、飯田町貨物駅と八王子方面を結ぶ中央線の貨物列車も走っていた。たくさんの貨物列車が出入りしている最中に、米軍燃料輸送車火災事件（**コラム3参照**）のような貨物列車同士の事故が起こることもあった。

同じ時代、東海道筋では、新鋭のEF65やEF66が牽引する高速貨物列車が疾走していたが、山貨の貨物列車にはEF10やEF15といった、デッキ付き、ぶどう色の旧型電気機関車が用いられていた。ちなみに、米軍燃料輸送車火災事件で衝突した2本の貨物列車の牽引機は、ともにEF10形だった。

私は新宿駅で山貨を眺めるのが好きだった。1〜2番線（現・7〜8番線）ホームと東口の新宿ステーションビルとの間には、山貨本線のほかにも何本もの仕分線が並び、入換用機関車がせわしなく動き回っていた。ときおり編成を終えた貨物列車が品川方面へ、田端方面へと出発していく。1両、2両、3両と、貨物列車が貨車を何両連結しているかを数えるのが、子ども時代の慣わしだった。

新宿駅を行き交う貨物列車が減ったのは、1973（昭和48）年の武蔵野線開業後のことだ。

ところで、1985（昭和60）年3月に貨物列車の列車係の乗務が廃止されるまで、貨物列車の編成の最後尾には必ず車掌車が連結されていた。車掌車にはテールランプが付いていて、日が暮れるとテールランプが赤く灯った。列車が出発すると、テールランプはだんだん遠ざかって小さな点になり、やがて闇に溶け込んでいく。雨や霧の日には赤い色がぼうっと霞んで見えて、切なかった。

そういえば、私はなぜか夜行の貨物列車は北に向かうものだと思い込んでいて、新宿駅ではいつもホームの池袋寄りに立って、田端方面に向かう貨物列車ばかりを眺めていた。

第4章

東西自由通路開通で新宿駅はどう変わる？

1987年～近未来　【昭和末期～平成～令和】

ＪＲ東日本の発足

１９８７（昭和62）年の国鉄分割民営化後、新生ＪＲ東日本は新型車両の導入、スピードアップ、駅構内のリニューアルやサービス改善など、さまざまな施策を行ってきた。なかには「国電」を改めた「Ｅ電」のように、定着することなくいつしか消えていった事柄もあったが、ＪＲの改革はおおむね好評を持って迎えられた。

しかし、国電がＪＲになったからといって、新宿駅にすぐに大きな変化が訪れたわけではなかった。国鉄の分割民営化は世間一般にとっては非常に大きな出来事だったが、新宿ほど駅も街も巨大になってしまうと、そうした影響をさほど受けることなく、独自のペースで独特の変化をすることになる。逆に新宿の駅や街で起こった事象は、社会に大きな影響を及ぼしていった。鉄道関係であれば、新型車両の導入、新たな運転系統の誕生、駅の構造、駅関連施設の開業といったことである。

ＪＲ化後1年ほどの間は各社とも新たな体制作りに追われたが、徐々に車両、運行系統、列車種別などにおいて独自色を打ち出すようになってきた。

165系快速「ムーンライト」 1994（平成6）年　所蔵：交通新聞社

ＪＲ東日本は、山手貨物線の旅客列車使用を積極的に推し進めた。１９８７（昭和62）年９月には新宿発・山手貨物線〜高崎線・上越線経由新潟行き臨時快速「ムーンライト」の運転を開始。その間合い利用で、新宿発・山手貨物線〜東北線経由黒磯行き「フェアーウェイ」の運転も開始した。「ムーンライト」は１９９６（平成８）年３月に「ムーンライトえちご」と改称されている。各地で運転された夜行列車「ムーンライト」の先駆けとなった列車で、特に「青春18きっぷ」利用者に重宝がられた。

続いて１９８７（昭和62）年10月、高崎線、山手貨物線、品鶴線、東海道線、伊豆急行線経由で前橋〜新宿〜伊豆急下田間の臨時特急「モントレー踊り子」の運転を開始した。

1988（昭和63）年7月には、新宿～小田原間に「湘南新宿ライナー」2往復が運転を開始。乗車整理券300円（翌年4月消費税導入後310円）で特急用電車185系の座席を確保できるとあって、ビジネスマンの人気が高く、ビジネスマン向けに車内で英会話教室が開催されたこともあった。

このように、山手貨物線の旅客線への転化がじわじわと行われた。その結果、新宿駅の集客量もますます増大していった。気がつけば乗客数が増えている――それが新宿駅で常に起こっていることなのだ。

バブル期のレジャー列車群

1988（昭和63）年3月13日、国鉄民営化後初のダイヤ改正が行われた。この改正の目玉は青函トンネルの開通で、上野～札幌間を直通する寝台特急「北斗星」の登場が大きな話題を呼んだ。4月10日には瀬戸大橋が開業し、日本列島4島が鉄道線で結ばれた。

新宿駅関連の大きな出来事はといえば、新宿～甲府間の「あずさ」が「かいじ」に改称されて9往復が運転を開始、特急「あずさ」が18往復になったことだろう。

L特急「あずさ」には、すでに前年12月に183系電車を改装したグレードアップ車が投入されていた。グレードアップ車では、座席部分の床のかさ上げと窓の拡大によるセミハイデッカー化、シートピッチの拡大、グリーン車座席２列＋１列の３列化、読書灯の設置、テレホンカード式公衆電話の設置、洗面所やトイレのリニューアル、座席、車内設備の改善などが行われ、外観は白地に緑とピンクの帯を巻いた姿になった。

「あずさ」のリニューアルと特急「かいじ」の登場は、新生ＪＲ東日本のアピールであると同時に、１９８０年代になって急速に成長し始めた高速バスへの対抗策でもあった。

新宿駅前を起点とする高速バスは、１９６９（昭和44）年３月に新宿〜河口湖間で運転が始まっている。１９７１（昭和46）年４月には新宿駅西口の新宿高速バスターミナルがスタート、１９７８（昭和53）年４月に中央自動車道大月ＪＣＴ〜勝沼ＩＣ間が開通した際には新宿〜甲府間の高速バスが運行を開始している。

本来であれば、速達性、定時性、安全性などの各面において、鉄道はバスに対して圧倒的な優位に立っていたはずだった。しかし、バスの低料金が利用者に広く認知され、国鉄の相次ぐ運賃値上げや夜行列車の減便なども重なったことで、鉄道は高速バスに乗客を奪われ続けてきた。そのためＪＲ東日本は、定時制や安全性に加えて、乗車の快適性を図って乗客を引き戻そうとした。鉄道利用にしろ、高速バス利用にしろ、新宿駅が甲信方面の起終点であることに変わりはない点が、乗客にとっては面白いところだ。

ところで、1990年前後といえばバブル経済の真っただ中である。新宿でもあちらこちらで地上げが行われ、街は様変わりしていった。新宿駅からは「バブリーな」と言うと少し大げさだが、いわゆるレジャー趣向の列車が各方面に向けて出発した。

前項で触れた「フェアーウェイ」に続いて、新宿駅発着では珍しい常磐線に向かう列車、「スーパーひたちバーディー」勝田行きが1989（平成元）年秋の日曜日に運転された（山手貨物線で田端操車場へ向かい、方向転換を行って常磐貨物線〜常磐線へ、というルートを通っていた）。

愛称名からわかるように、「フェアーウェイ」も「バーディー」もゴルファー向けの列車である。ゴルフはバブル期のムーブメントのひとつで、各地でゴルフ場が続々と増えていた。自家用車を出動させて上司を送迎するなど、車でゴルフ場へ行く人も多かったが、休日早朝の新宿駅もゴルフバッグを担いだ乗客で混み合った。

冬季には東北や上信越のゲレンデに向かう「シュプール号」が運転された。面白いことに、上野発着の一部列車を除いて、ＪＲ東日本が運行する「シュプール号」はその大半が

583系「シュプール蔵王号」　1986（昭和61）年　所蔵：交通新聞社

新宿駅を経由し、ときには新宿駅で「シュプール号」同士で乗り継ぎができるようなダイヤが組まれていた。

たとえば、大船発・上越線経由小出行き「シュプール上越号」、東京発・高崎・信越線経由妙高高原行きの「シュプール信越号」、横浜発・東北・奥羽線経由山形行きの「シュプール蔵王号」、千葉発・中央線経由信濃森上行き「シュプール白馬号」。これらの列車はみな新宿駅を経由して、中央線方面へ、山手貨物線を経由して東北・上信越方面へと向かっていた。もちろん、新宿駅を起終点とする「シュプール号」も多数運転されていた。

早朝はゴルファー、夜はスキーヤーやスノーボーダー、昼間は伊豆・箱根方面へ向かう温泉客。バブル期の週末、これが新宿駅の乗客の華やかな絵模様だった。

そして1989（昭和64）年1月7日、昭和天皇が崩御し、時代は昭和から平成へと移行する。

新宿駅が海外旅行の門戸に

1989（平成元）年3月11日、平成初のダイヤ改正が行われた。新宿駅では構内のサインや表示を一新し、発車ベルを路線ごとにメロディ化するなどのリニューアルが行われた。発車メロディはJR新宿駅と渋谷駅で試験的に使用。乗客から好評を持って迎えられ、その後全国に広まった。4月11日には中央線開業100周年を迎え、各種のイベントやセレモニーが繰り広げられた。

平成に入って初めて新宿駅が大きな変化を迎えたのは、1991（平成3）年3月19日である。この日、成田空港の地下に乗り入れる成田線空港支線が開業し、新宿駅と横浜駅から「成田エクスプレス」（以下N'EX）が運転を開始した。N'EXの運行開始に際しては、新たな車両が製造され、新たなルートが設定され、新たなダイヤが組まれた。

JRグループ初となる本格的空港アクセス特急N'EXは、運転開始当初より新宿駅発着本数17・5往復という高頻度列車として登場した。運転本数の多さに対応するため、新宿駅では第1ホームの西側に第2ホーム、3〜4番線を新たに設け（それまでの3〜12番線はそれぞれ5〜14番線に繰り下げ）、N'EX用ホームとして使用を開始した。

第2ホームも、第1ホーム同様在来ホームに比べてかなり南に寄った位置に設けられ、新宿貨物駅跡地には新南口（現・新南改札）がオープンした。

N'EX用に用意された車両は253系直流特急形電車で、空港アクセス専用電車として、コンパートメントや大型の荷物が置ける荷物置場などが設けられた。基本編成は3両で、新宿と横浜からそれぞれ3両編成で出発した列車が東京駅で連結して、6両編成で成田空港に向かっていた。新宿発のN'EXは、山手貨物線の目黒川信号場から横須賀線品川駅に向かうという、定期旅客列車としては初めて通るルートが開拓された。

N'EX以外では、千葉駅発着の定期「あずさ」の運転区間を延長して、「ウィングあずさ」として成田空港に乗り入れを開始した。それまで、都心から遠いうえにアクセスが不便と批判の声が大きかった成田空港だが、空港ビルの直下にN'EXが乗り入れるようになって、不便さはある程度解消された。

N'EXの運転開始とソ連邦崩壊後のシベリア上空を通る航空路の開設が相まって、この時期ヨーロッパがぐっと身近になり、渡航者が増えた。海外旅行者の増加も、ある意味バブル期の産物だったと言えるだろう。

１９９０年代の初頭には、N'EX以外にも新形電車が次々に新宿駅に登場して話題を集めた。なかでも注目の的となったのが、ＪＲ東日本の２５１系特急形電車とＥ３５１系特急形電車、ＪＲ東海の３７１系特急形電車だった。

２５１系は１９９０（平成２）年４月から、「スーパービュー踊り子」として新宿～伊豆急下田間で運転を始めた。ダブルデッカー車とハイデッカー車で編成されており、斬新なデザインと車内からの眺望のよさが評判を呼んだ。10号車の１階には「こども室」が用意されており、ファミリーにも好評だった。

Ｅ３５１系電車は曲線区間が多い中央線のスピードアップを図って制御付き自然振り子装置を採用した車両で、１９９３（平成５）年12月に「あずさ」に投入された。翌年12月には「スーパーあずさ」として運行を開始し、最高速度１３０㎞／ｈで新宿～松本間を最速２時間25分で結んだ。このＥ３５１系以降、ＪＲ東日本の新製車両には形式の頭に「Ｅ」が冠されるようになった。

３７１系は、小田急２００００形ＲＳＥ車とともに、特急「あさぎり」として新宿～沼津間を御殿場線経由で結んでいた。新宿駅に登場したとはいえ、ＪＲ新宿駅ではなく、小田急新宿駅にＪＲ車両が乗り入れていたのだ。７両編成中３～４号車が２階建て車両で、大きな窓が設けられた２階のグリーン席からは富士山を間近に眺められ、人気を集めた。

この頃、鉄道各社の線増をはじめとする通勤ラッシュ対策が功を奏し、郊外人口の増加にもようやくブレーキがかかって、朝夕ラッシュ時の通勤電車の車内混雑度はある程度緩和されてきた。それでも朝の中央線上り快速の混雑は相当なもので、新宿駅では第４ホームの両側、７番線と８番線に交互に電車を発着させ、２分10秒間隔の運行と２分近くの停車時間を両立させるという、文字どおりの離れわざを演じていた。

押し合いへし合いしながら必死でホームを移動する乗客と、リゾート地へ向かう優雅な特急電車の乗客が同じ時間、同じ空間に共存しているのも、この時代の新宿駅の姿のひとつだった。

東京都庁移転。副都心から新都心へ

１９９１（平成３）年４月１日、新宿西口に都庁が移転し、副都心だった新宿は新都心

新宿中央公園から見た東京都庁
撮影：著者

になった。都庁の第一本庁舎は48階建てで、完工時の高さは２４３・８メートル。この時点でサンシャイン60ビルを抜いて日本一の高さになった。しかし、都庁が新宿に移転しても、庁舎が日本一の高さであっても、私個人はピンとこなかった。

バブル期でもあり、庁舎は「バブルの塔」と揶揄されていた。都民の税金の無駄遣いという声も大きかった。私の周辺で話題になったことといえば、高層ビルがまたひとつ増えたということ、新宿駅の混雑がまたひどくなるだろうということ、都庁にあんなに大きなビルが必要なのかという批判くらいだった。

当時、新宿駅周辺で大きな話題になっていたのは、都庁の移転ではなく高級ホテルのオープンラッシュだったと記憶している。１９８０年代から90年代にかけて、新宿では高級ホテルやビジネスホテルが相次いで開業した。利用者は東京近郊の客や外国人客ばかりではなく、日本各地から泊まりがけで買い物や遊びに新宿を訪れる人が増えた。

京王プラザホテルや新宿プリンスホテルの後に続いたホテルの開業をたどってみると、

1980（昭和55）年9月、ホテルセンチュリーハイアット（現・ハイアットリージェンシー東京）
1983（昭和58）年12月、新宿ワシントンホテル
1984（昭和59）年9月、ヒルトン東京
1994（平成6）年7月、パークハイアット東京
1998（平成10）年3月、小田急ホテルセンチュリーサザンタワー

と、実に華やかである。

新宿を拠点とする小田急グループのホテル事業参入も目を引く。小田急ホテルセンチュリーサザンタワー各フロア南端の客室は、新宿駅構内を出入りするJRや小田急の車両を間近に眺められる「トレインビュー」ルームとなっており、密かにファンの人気を集めているようだ。

各ホテルをめぐって新宿駅西口と成田空港を結ぶエアポートリムジンバスや、団体ツアーバスの運行も増えた。大型バスの出入りが増えるにつれ、新宿駅西口から中央公園にかけての路上では時間調整や客待ちのために長時間駐車するバスが増えて、社会問題に

なった。本格的な大規模バスターミナルの必要性が問われるようになったのも、この時期からのことだった。

新幹線新宿駅乗り入れ計画があった!

都庁舎や高層ホテルが林立して新宿の空はずいぶんと窮屈になったが、新宿は上へ上へと向かうばかりでなく、地底に向かってもずんずん掘り進められていった。

1997(平成9)年12月、都営地下鉄12号線の新宿~練馬間が開通し、新宿駅のほか、都庁前駅や西新宿五丁目駅が開業した。都営12号線は1991(平成3)年12月に練馬~光が丘間が開業しており、2000(平成12)年4月に新宿~国立競技場間が開業した際に「大江戸線」という路線名称を与えられている。同年12月12日に国立競技場~都庁前間が開業して、「大江戸線」は全通した。このとき新宿西口駅と東新宿駅が開業して、大江戸線には新宿駅周辺だけで5つの駅が並ぶことになった。蛇足ながら、平成12年12月12日と12並びの日に開業したのは、12号線にちなんでのことだ。

新宿駅を通る各路線では、もちろん新宿駅(と西武新宿駅)がターミナルとなっていたが、大江戸線の拠点駅は、新宿駅ではなく都庁前駅になった。都庁前駅は地下駅にしては

都営大江戸線新宿駅　撮影：著者

大規模で、２面４線のホームのほかに西新宿五丁目駅側に２本の引上線が設けられた。対して大江戸線の新宿駅は１面２線のシンプルな構造で、起終点とする列車は設定されていない。また、数ある新宿駅のなかで唯一渋谷区にある駅となった。

ちなみに、駅の住所は駅長室の位置で示されるので、ＪＲや私鉄各社の駅は（ホームや構内が渋谷区にはみ出していようとも）新宿区の駅となっている。当然といえば当然のような話だが、品川駅は品川区ではなく港区に、目黒駅は目黒区ではなく品川区にあるといった例もある。

大江戸線は、東京の地下鉄では初の鉄輪式リニアモーターカーを採用した小断面地下鉄で、車両もトンネル径も小さく、急勾配に強い。その特性を発揮すべく、大江戸線新宿駅ホームは地上から

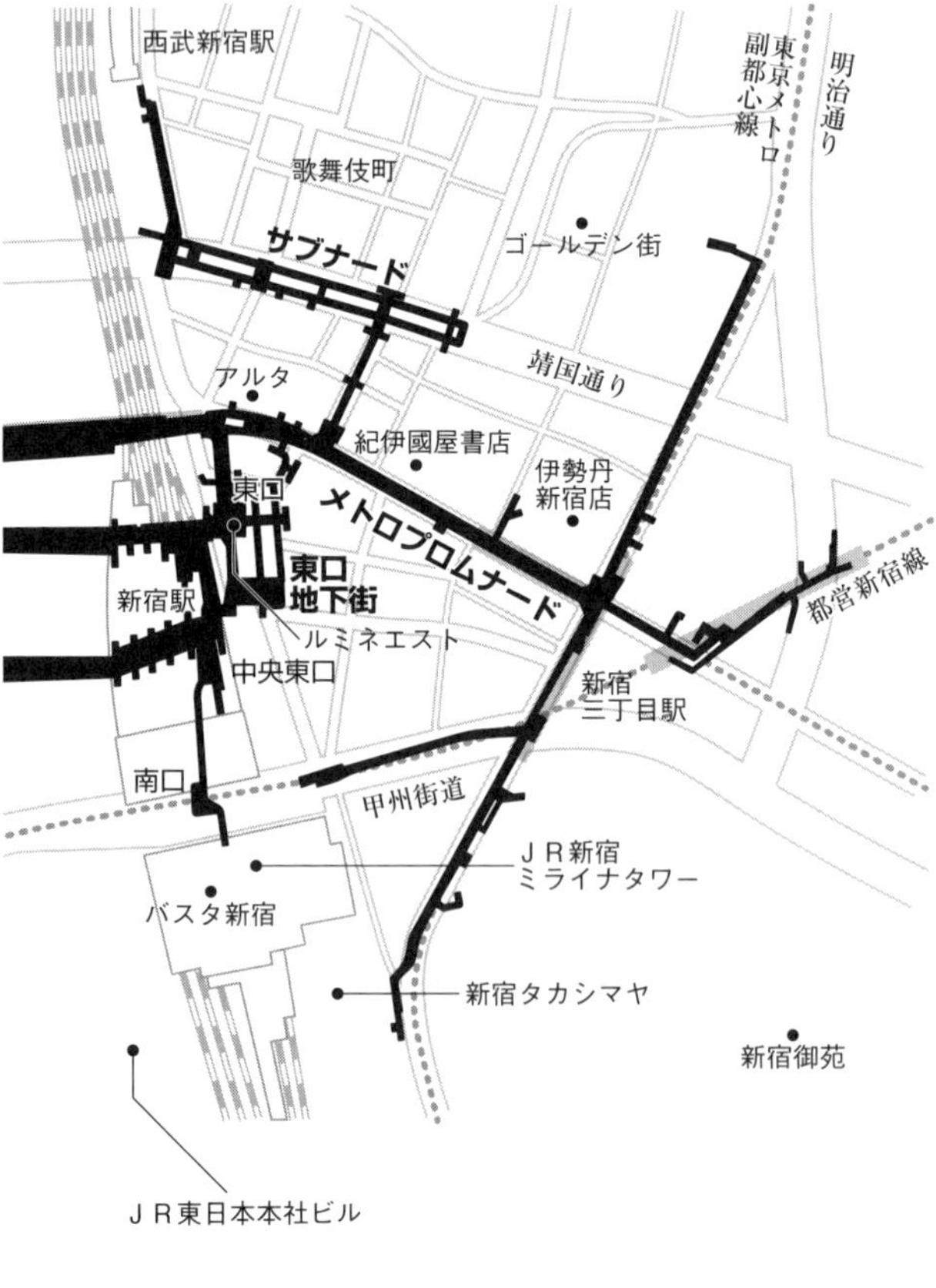
西武新宿駅
東京メトロ副都心線
明治通り
歌舞伎町
サブナード
ゴールデン街
靖国通り
アルタ
紀伊國屋書店
伊勢丹新宿店
メトロプロムナード
東口
東口地下街
新宿駅
ルミネエスト
中央東口
都営新宿線
新宿三丁目駅
南口
甲州街道
JR新宿ミライナタワー
バスタ新宿
新宿タカシマヤ
新宿御苑
JR東日本本社ビル

※■…地下道（太字は名称）

図７　新宿駅周辺地下街図　※2019年7月時点

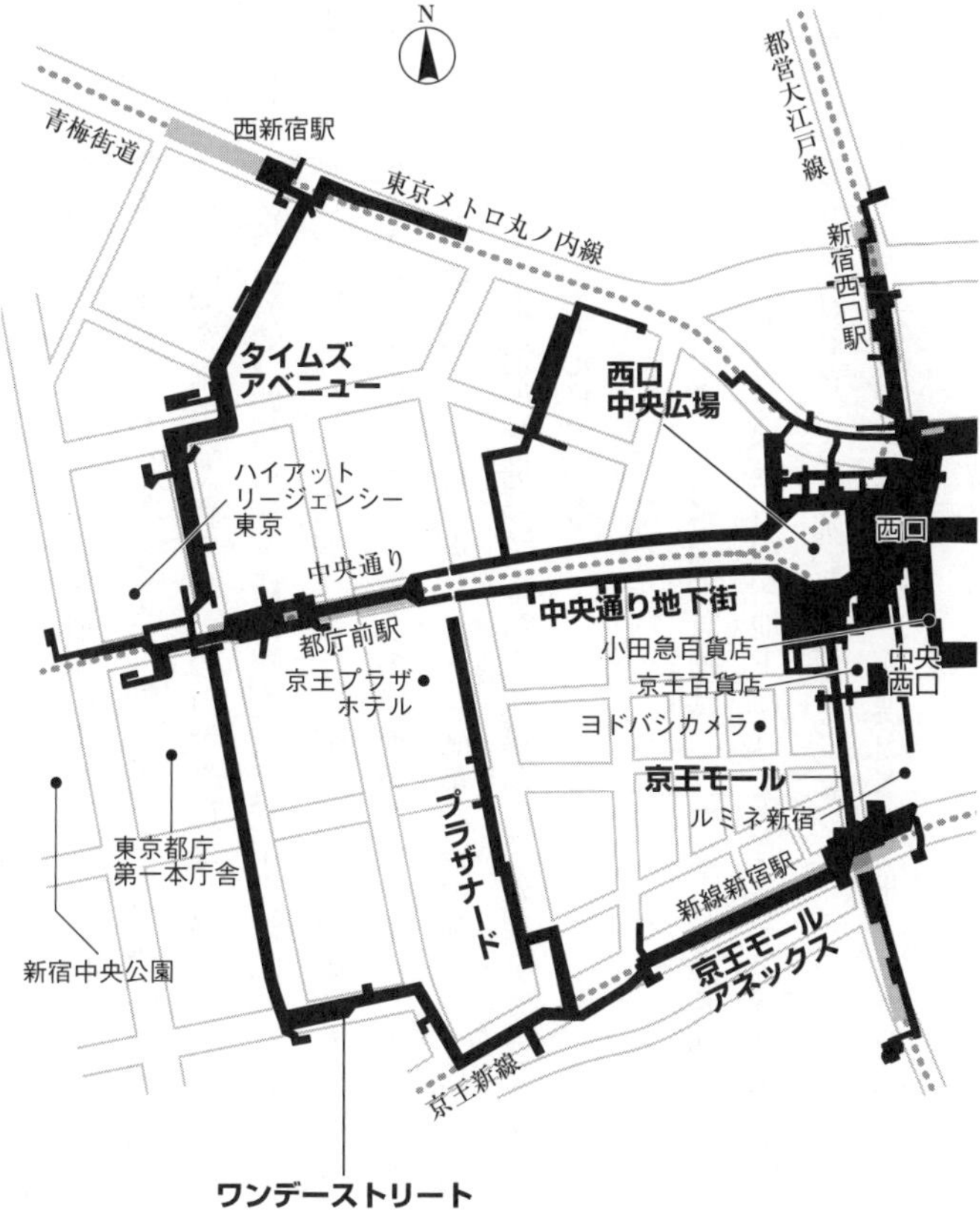

36・6メートル下の地下7階に設けられた。何しろ大江戸線は都庁前から甲州街道の地下5階に設けられた京王新線・都営新宿線の新宿駅の下を勇猛果敢にくぐり抜けて代々木方面へと向かっているので、兎にも角にもここまで掘り下げなくてはならなかったのである。

かくして、大江戸線の開業によって新宿駅の西口地下に地下道が巨大な蟻の巣のように張りめぐらされ、丸ノ内線なら西新宿駅～新宿駅～新宿三丁目駅間が、新宿線なら新宿駅と新宿三丁目駅間が、大江戸線なら新宿駅～都庁前駅～新宿西口駅間が、それぞれ地下道だけを歩いて行き来できるようになった。言うのは簡単だが、実に壮大な事業である。

その後の2008（平成20）年6月、東京メトロ副都心線の新宿三丁目駅が開業し、地下道は明治通りや甲州街道の地下を通って、新宿駅東南口や新宿タカシマヤ方面にまで延びていく。新宿の地下は過密化している。

ところで、新宿駅の地下を目指した路線や計画は、ほかにも数多くあった。

過去には東横電鉄や、西武新宿線が新宿駅地下に乗り入れるという計画もあり（**コラム2参照**）、新幹線が乗り入れるという計画も本当にあった。

1971（昭和46）年に東北新幹線と上越新幹線の大宮以北の工事が開始された時点で

は、東北新幹線は東京駅を、上越新幹線は新宿駅を起点とすることが考えられていた。計画では、赤羽から東北貨物線～山手貨物線を通って、新宿駅南側の地下３階に３面６線のホームを設けることになっていて、現在の湘南新宿ラインとほぼ同じルートが想定されていたようだ。のちに荒川南岸付近で地下に潜って新宿を目指すという案も検討されたが、建設費が７０００億円を超える見込みとなり、建設には到っていない。また、成田新幹線でも東京地下駅から都内を地下で横断して新宿駅へ乗り入れるという案が検討されたというが、成田新幹線の計画そのものが中止になってしまった。

しかし、「新宿駅に新幹線を」という計画は消え去ったわけではない。上越新幹線の本来の起点は新宿駅で、まだ未開業という状態であるし、タカシマヤタイムズスクエアの地下には新幹線駅のスペースが確保されている。

また今後、北海道新幹線が札幌へ、北陸新幹線が大阪へと延伸開業すれば、大宮～東京間の線路容量は限界に達すると想定されているのだが、その際には大宮と新宿の間に新・新幹線を建設しなければならないのでは、という検討もされているという。はたして「新宿に新幹線」は、あるのだろうか、ないのだろうか。

湘南新宿ライン開通と、移動するホーム

特急電車から通勤電車までどれだけ旅客列車が走ろうと、たとえ1日3本しか貨物列車が走らなくても、山手貨物線の名称はそのまま残されてきた。

埼京線は1996（平成8）年3月に恵比寿まで、2002（平成14）年12月には大崎まで延伸開業し、東京臨海高速鉄道りんかい線との相互乗り入れが始まった。山手貨物線経由と言いながらも埼京線は池袋以遠では赤羽線を走っている。池袋〜田端間では、山手貨物線を経由する定期旅客列車の運行系統が2001（平成13）年12月に誕生した。いまではすっかり新宿駅に溶け込んで、利用客も定着した湘南新宿ラインである。

湘南新宿ラインの開業によって、新宿駅は、北は宇都宮や前橋と、南は小田原や逗子と直接結ばれることになった。乗りかえなしで直接到達できるエリアが格段に増えて、新宿駅の利便性はさらに増した。

新宿駅では、湘南新宿ラインの開業を機にまたもやホームを1本増設することになった。現在の第3ホーム、5〜6番線である。ただ、ホームを1本増設してすぐにそのまま使用できるほどには、当時の新宿駅の列車運行状況に余裕はなかった。単にホームの絶対

湘南新宿ライン直通運転開始　出発式　2001（平成13）年　所蔵：交通新聞社

数が足りないということだけではなく、構内の配線にもさまざまな問題があった。

たとえば、山手貨物線を使用し、新宿貨物駅跡に設けられた第1、第2ホームの前後には、貨物駅ならではの複雑な特殊分岐器が多数設けられていたし、「あずさ」など中央線下りの特急が出発する際、きわめて運行頻度が高い中央快速線の上り線を横切らなければならないことも問題だった。ホームの新設に伴い、駅舎の改修も行わなければならなかった。工事そのものも、絶え間なく行き交う列車群の間隙を縫って進めなければならなかった。

従来の構内には新たなホームを設置する場所がなかったため、第1、第2ホームよりさらに南に寄った場所に仮設ホームが設けられた。仮設ホームは全体が渋谷区内にあり、その南端から代々木駅までは、ほんの100メートルほどしかなかった。

この仮設ホームをそれまで第3ホームを使用していた中央線特急用として、旧第3ホームをいったん撤去し、新たなホームが設けられた。続いて仮設ホームを新第3ホーム、旧第3ホームを新第4ホームとし、第5ホームを撤去といった具合に、東から西へと順繰りに旧来のホームを撤去して新設するということが行われた。まさしく移動するホームである。同時にホームの拡幅や延伸といったことも行われた。合わせて分岐器の交換が行われ、配線もシンプル化され、地下通路の延長やサザンテラス口の仮駅舎建設も行われた。

ホームの増設や移動と同時に、頭上の甲州街道でも拡幅工事が行われていた。そのため、2003(平成15)年からの数年間、新宿駅の南側には甲州街道を支えるための太い支柱が林立し、線路と線路の間ではホームや付属する屋根や階段、エスカレーター設置などの工事を行う重機が目まぐるしく動き回るという混沌とした状況が続いた。

新たなホームができるたびに乗り場の変更が行われていた中央線では、列車種別ごとの乗車ホームや降車後の移動経路が毎年のように変更されて、さらなるカオスが生まれていた。

困難を乗り越え、ようやく工事が完了したのは２００８（平成20）年３月だった。新たに完成したＪＲ新宿駅構内は巻頭に掲載した図のとおりである。

なお、２００６（平成18）年３月から運転を開始した東武鉄道直通の特急「日光」や「スペーシアきぬがわ」などは、第３ホーム（５～６番線）を使用している。

これで、新宿駅構内にはこれ以上ホームを増設する余地はほぼなくなった。今後新線乗り入れなどでさらにホームの増設が必要になった場合には、すでに過密ぎみの地下に建設するか、ホームを複数階建てにするしかないだろう。あるいは１００メートル先の代々木駅を呑みこむか、無理やり北に向かうのか。その場合には、新宿駅乗り入れを断念した西武新宿駅を、新宿駅のほうが呑みこむことになるのかもしれない。

南口の大変貌と再開発

新宿一のメインストリートといえば、中村屋、紀伊國屋、伊勢丹などの老舗が並び立つ東口の新宿通りだろう。新宿通りはかつての青梅街道でもあり、新宿駅開業当初から駅と内藤新宿を結ぶ主要道だった。西口はといえば、京王や小田急がターミナルを構え、新都心のシンボルでもある高層ビル群が林立している。

一方、南口は東口や西口に比べると、長らく影が薄い存在だった。1970年代まで、甲州街道の東南側にはたいした商業施設もオフィスビルもなく、ビジネスマンにも買い物客にも縁の薄い地域だったのだ。

現在の新宿タカシマヤ付近が貨物駅だった頃には、一帯は運送会社や倉庫、駐車場で占められていた。その東側の天龍寺との間の三角形の地域、現在の新宿四丁目付近は、以前は旭町と呼ばれていて、江戸時代には私娼窟、戦前はドヤ街、戦後はラブホテル街だった。甲州街道に面したところには場外馬券売り場もあった（現・ウインズ新宿）。周辺には昼間からカップ酒を手にした凄みのあるおじさんたちが大勢たむろしていて、小学生の頃には近づくのも恐ろしかったが、高校生になると1杯50円のラーメンや天丼に誘われて周辺の飯屋に足繁く通うようになった、そんな場所だった。

JR東日本本社ビル　撮影：著者

そんな南口が一変したのは、20世紀も終わりに近づいた頃のことだ。

1996（平成8）年10月、新宿貨物駅跡にタ

バスタ新宿とミライナタワー　撮影：著者

カシマヤ タイムズスクエアオープン
１９９７（平成９）年９月、ＪＲ東日本本社が丸ノ内の旧国鉄本社ビルから新宿駅南口に移転（住所は渋谷区代々木２－２－２）
１９９８（平成10）年３月、新宿サザンテラスオープン

短い間に華やかな動きが続く。サザンテラスは小田急線路上の人工地盤に設けられている。新宿駅西口の小田急ハルク～小田急百貨店～ミロードを結ぶ小田急新宿テラスシティの一環で、ＪＲ各線をまたぐイーストデッキ連絡橋によって、タカシマヤタイムズスクエアと結ばれた。

２０１６（平成28）年３月には、新宿貨物駅の跡地と線路上の人工地盤にＪＲ新宿ミライナタワーができた。翌月にはバスタ新宿が開業した。

南口周辺で工事が行われていたことを認識してはいたものの、個人的には２０１６～17年あたりに一気に新たな南口が出現したような、そんな印象がある。しかし、気がついてみれば、タカシマヤタイムズスクエアオープンとバスタ新宿開業の間には20年もの歳月が流れているのだ。20年もの年月を「一気に」と感じてしまうのは、私が前世紀の新宿駅の記憶を引きずっているせいかもしれない。

新宿駅はなぜ乗降客数世界一の駅になったのか?

２０１８年7月に発表されたＪＲ東日本のデータによると、新宿駅の１日平均の乗客数は77万８６１８人で、2位の池袋駅に21万人以上もの差をつけている。これはあくまでＪＲ東日本だけの数字で、大阪駅などのＪＲ他社や私鉄各社のデータは含まれていないが、それでもダントツの1位であるのは間違いない。なぜこんなに大勢の乗客が新宿駅に集まるのか。その理由をここまでの歴史をさらいつつ検証してみたい。

まず、そもそも新宿という街が甲州街道と青梅街道が交わる地＝追分であり、江戸時代からの宿場町だったこと。18～19世紀にはすでに繁華街、歓楽街、遊興の地として世に知られ、大勢の人々を引き寄せる力を持っていた。

その新宿に、１８８５（明治18）年というかなり早い時期に日本鉄道の路線が敷かれ、駅ができたこと。続いて甲武鉄道が開通し、２路線の接続駅になったこと。

現在の山手線と中央線という日本屈指の通勤通学路線の接続駅になったということが重要な点で、これが単なる中間駅だったとしたら、駅も街もこれほど急速に発展しなかっただろう。山手線で新宿駅と同じ頃に開業した板橋、目白、渋谷、目黒はすべて長らく単独駅だった（目白はいまだ山手線では数少ない単独駅である）。池袋や渋谷は東武鉄道、西武鉄道、東急電鉄などの接続駅になってから発展を始めた。

新宿に、早々に街鉄がやって来たことも見逃せない。江戸の外＝御朱引外で東京市電になる前の路面電車が開業したところは、品川、大塚など、数えるほどしかない。東京市電が渋谷駅前に路線を延ばしたのは１９２３（大正12）年（玉電、のちの都電天現寺線は１９２１年開業）、池袋にいたっては１９３９（昭和14）年になってからのことであり、この点も新宿のアドバンテージとなった。

そして、街鉄に刺激されて甲武鉄道が電車の運転を始めたことで、新宿駅の性格と方向性が固まり、その後の発展を決定づけた。続いて山手線も電車運転を開始して、新宿駅という存在をより強固なものにした。

新宿は天災や人災さえもその後の発展につなげる、ある種の運強さも持ち合わせていた。関東大震災後や第二次世界大戦後に東京西部の宅地開発が進み、そこに京王、小田急、西武などの私鉄が路線をめぐらせて電車運転を始め、新宿に乗り入れた。東京、神奈川、埼玉県南の広汎なエリアがすべて新宿のヒンターランド（後背地）となり、通勤通学客、あるいはショッピングや娯楽を求めて新宿に集まる人々を擁することになった。

新宿駅にも、新宿に集まる路線にも、新宿の街が受け入れる膨大な人と物の流れをすべて呑みこむだけのキャパシティがあった。それというのも、新宿駅は早くから電車の特性を最大限に活かした「電車の駅」だったからだ。

機関車牽引列車に比すと、電車は加減速性能に優れ、機回しの要がなく、すばやく折返し運転ができる。そのため、列車の運行間隔を詰めて、単位時間、線路容量当たりで多くの列車を投入することができる。電車は短時間に大量の人員を輸送できる車両なのだ。

電車運転開始早々に、新宿駅構内に甲州街道口と青梅街道口という2つの新宿駅を設けることができたのも電車の加減速性能の賜だった。お陰で、新宿は通勤通学者にとってきわめて使い勝手のよい駅になった。東中野や新大久保など短い駅間に新たな駅を設けることができたのも、電車運転を行っていたからこそだ。

やがて中央線や山手線に次々に新しい駅が設けられ、駅を中心に街が広がり、新しい街の住民が新宿に降り立つ。こうして新宿駅で乗降する乗客はますます増えた。

短時間で発着や折り返しができる電車の駅はまた、限られたホームでも多くの列車と乗客を捌くことができる。新宿駅は１９３０年代から１９８０年代半ばまで５面10線のホームで乗客を捌き、乗降客数日本一になった。

第３章で１９８４（昭和59）年当時の国鉄新宿駅のホーム配置を紹介したが（１３７ページ）、同じ時代、国鉄東京駅は在来線ホーム６面12線、総武横須賀線地下ホーム２面４線、東海道新幹線ホーム３面６線の計11面22線という、新宿駅の倍以上のホームがある大規模駅だったにもかかわらず、乗降客数は新宿駅にはるかに及ばなかった。

そうこうしている間に、新宿の街自体も変貌した。東口は老舗と新興の店とが混在した魅力あふれる買い物ストリートになり、さまざまな文化の中心地になった。西口の高層ビル街は、日々通勤するビジネスマンだけでも厖大な人数を抱えこんだ。

乗降客数で他の駅を圧倒した後にも、埼京線、湘南新宿ライン、都営大江戸線などが参入し、大勢の乗客を降ろしてはまた乗せて、新宿駅を後にする。

開発が遅れていた南口も一新され、新しいオフィスビルやショッピングモールが誕生し、新たな通勤者や買い物客を生み出した。

こうしてみると、新宿駅はなぜ乗降客数世界一になったのかというよりも、なるべくしてなったという気がしてならない。

通い、働き、食べ、買い、観て、泊まる。降り立ち、乗りかえ、通り過ぎ、出発する。新宿駅自体が、350万人の人々が暮らす巨大都市のような存在なのだ。

2020年、その先の新宿駅

さて、2016(平成28)年春のJR新宿ミライナタワーとバスタ新宿のオープンで新宿駅関連の工事が一段落したのかといえば、そうではない。その後もやむことなく工事は続いているし、さらなる施設改良計画も発表されている。

では、新宿駅はこの先どのような変貌を遂げるのだろうか。

2019年6月現在、2020年の東京オリンピックまでの完成を目指して、東西自由通路の建設が進められている。幅17メートルだった北コンコースが幅25メートルに拡幅され、コンコースは自由通路となる。改札口は池袋駅のようにコンコースに向かって設けられる予定だ。

これまでは入場券などを用いずに新宿駅の東西を行き来しようと思ったら、大ガードや角筈ガード（旧青梅街道）をくぐる、遠回りになるがメトロプロムナードを経由する、もしくは南口跨線橋や甲州街道を通ってぐるりと回りこむしかなかった。新宿駅に慣れていない場合、東西の移動で戸惑ったり、疲れ果てたりした人も多かったのではないだろうか。

東西自由通路はメトロプロムナードからさほど離れていないが、東西の改札階と同じフロアにあって、幅も広いので、東西を行き来する人の流れはより多くなることだろう。何より、東西を直進できることがめでたい。通路工事に合わせて、北コンコースと中央コンコースの間に広大な空間を設ける工事も進行中で、ここにどんな駅ナカ施設ができるかということも楽しみである。

新宿駅に出入りする列車や車両関係では、２０１５（平成27）年に次世代列車情報管理装置「ＩＮＴＥＲＯＳ」を搭載したＥ２３５系の量産先行車が山手線に登場し、順次Ｅ２３１系を置き換えている。２０１９（平成31）年３月のダイヤ改正では、「あずさ」や「かいじ」など中央線の全特急がＥ３５３系に置き換えられ、「はちおうじ」、「おうめ」、

E235系　山手線　所蔵：交通新聞社

「富士回遊」という新たな特急が登場した。また、将来的には中央線E233系にグリーン車2両が組み込まれ、12両編成になる予定だ。

私鉄では、2017（平成29）年3月、西武鉄道にクロスシートとロングシートに変換可能なデュアルシートを備えた40000系電車が登場し、西武新宿と拝島を結ぶ有料座席指定列車「拝島ライナー」として運行されている。同年9月、京王線にも同社初のデュアルシートを備えた5000系（2代目）が登場し、座席指定の「京王ライナー」として運行を始めた。2018（平成30）年3月には、小田急にロマンスカー伝統の前面展望席に大型の1枚ガラスを採用した70000形GSEが登場。各社で新型車両の登場が相次いでいる。

図８　東西自由通路整備計画概要図

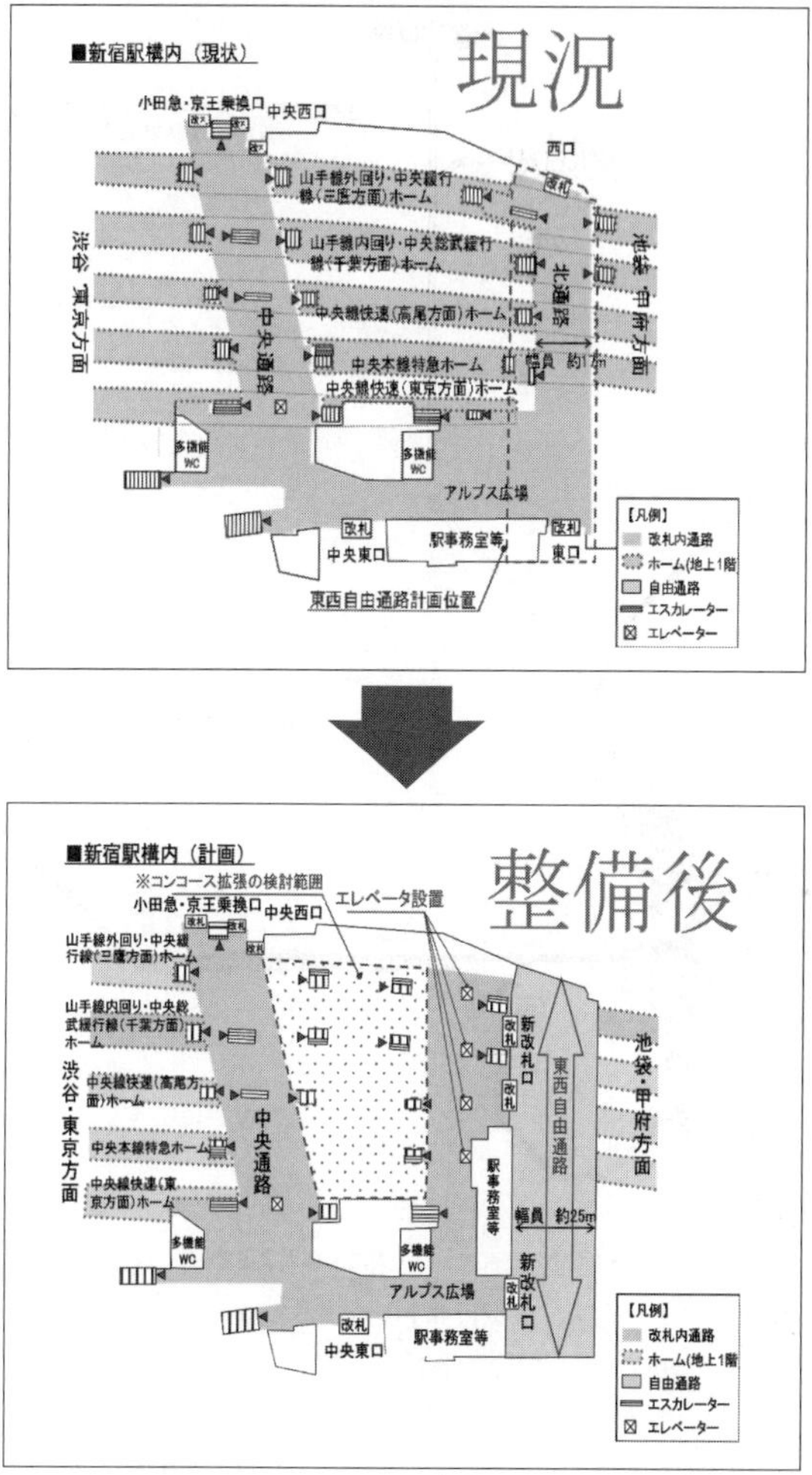

資料提供：東日本旅客鉄道（株）

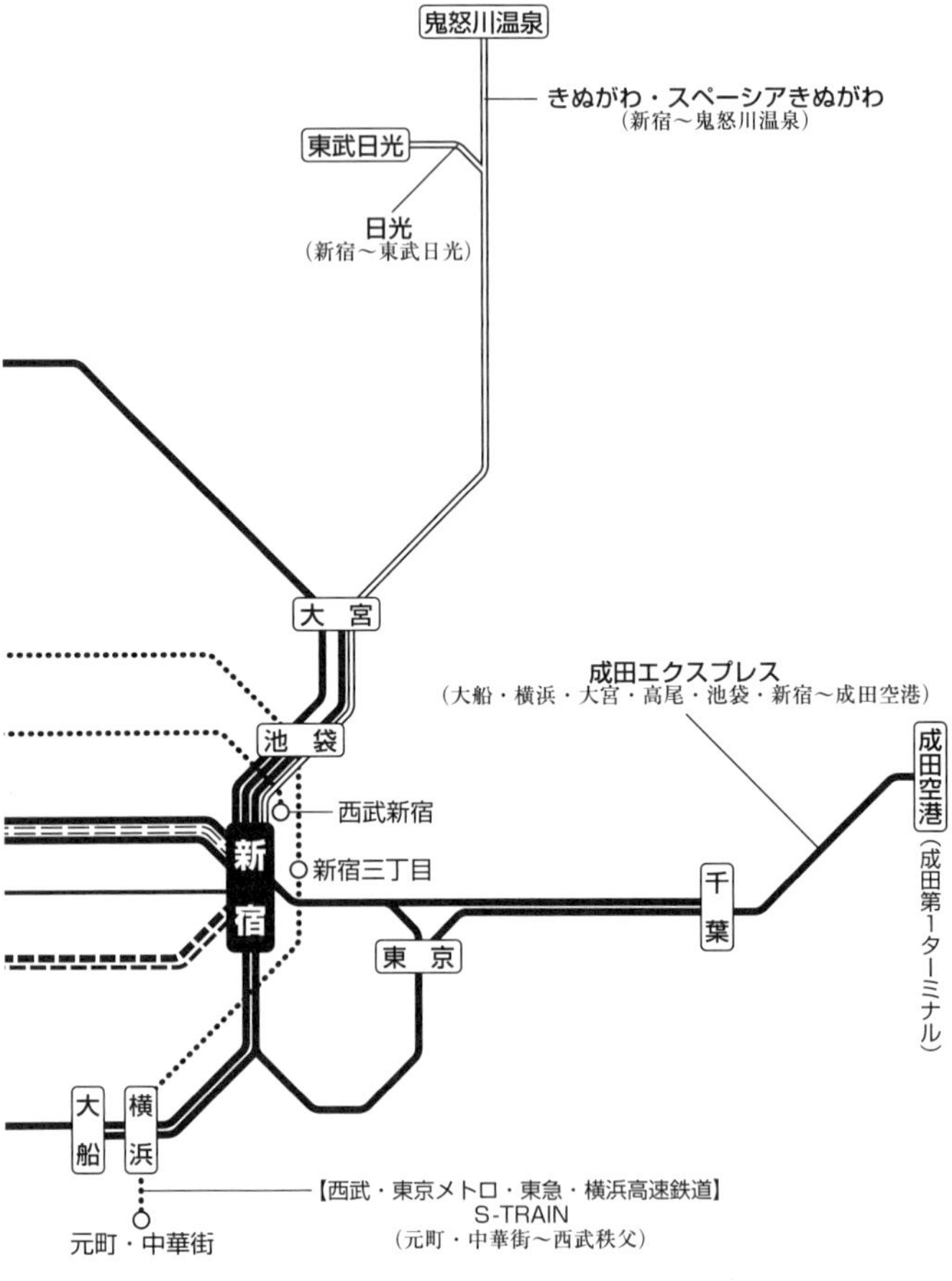

※臨時列車・季節列車を除く
※2019年7月時点

図９　新宿駅発着優等列車運転系統図　※2019年7月時点

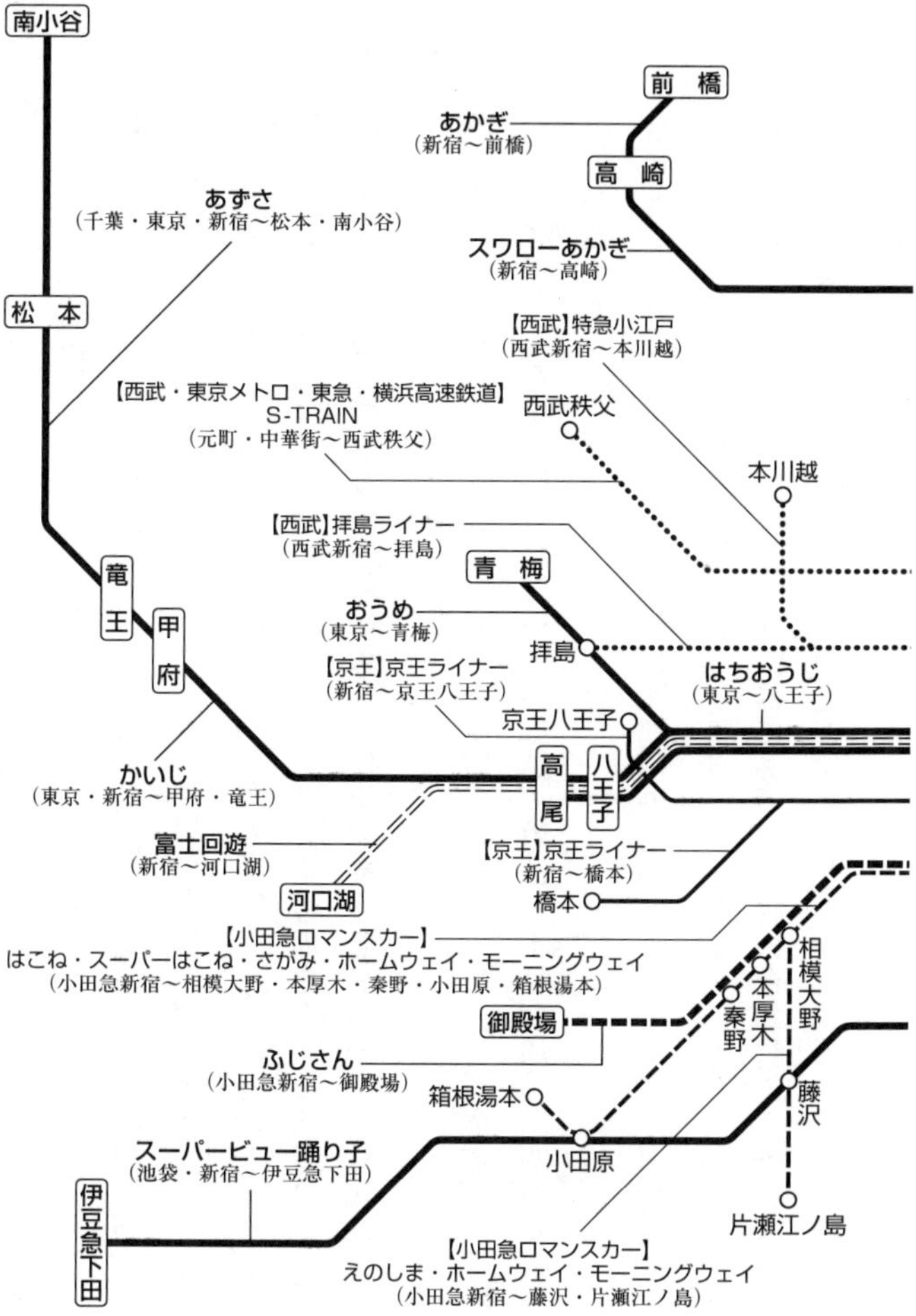

2019（令和元）年11月30日には、新宿駅と神奈川県の中央部とを結ぶ新たな列車運行ルート、「相鉄・JR直通線（仮称）」が開設される。同線は新宿駅から湘南新宿ラインと同じ経路で武蔵小杉駅に向かい、JR羽沢線（東海道貨物線）を経由して羽沢横浜国大駅（新設）から相鉄新横浜線（新設）に乗り入れ、西谷駅から相鉄本線に進む。相模鉄道にとっては念願の都内乗り入れであり、しかも新宿駅に直行するルートが開かれることになった。相鉄は満を持してJR線乗り入れ用としてE233系に準じた性能を有する12000系電車を新製。相鉄・JR直通線開通後は、新宿駅と二俣川駅や海老名駅間で1日46往復の列車が運行され、新宿～二俣川間は最短44分で結ばれる予定だ。

相鉄は、海老名、大和、湘南台の各駅で小田急と連絡している。現在、新宿駅からこれらの駅に向かう場合は小田急の独占状態となっているが、相鉄・JR直通線が開通した暁には、どんな現象が起きるのだろうか。

2019（令和元）年5月17日、令和初の新宿駅関連の土地区画整理事業の工事計画が東京都から発表された。新宿駅の線路上に東西を結ぶデッキを建設し、東口、西口の2階部分に広場と新たな改札口などを設けるという内容である。これに合わせて、鉄道会社各社も完成後50年前後を迎えた駅ビルやデパートの建て替えなどを検討しているといい、都や鉄道会社各社は２０２０年度中に着工して、２０３０〜40年代に完成させることを目指している。

ＪＲ線のホームの上が人工地盤で覆われてしまうと、現在でさえビル群の谷間の駅のように見えるＪＲ新宿駅は、地上駅であるにもかかわらず、地下駅のような様相を呈することになるだろう。そのとき新宿駅は、未来都市の象徴のような姿になっているに違いない。

時代の要請や人々の動向を反映して、休むことなく常に変化しつづけている新宿駅は、絶え間なく進化することを運命づけられた巨大な生物のような存在だ。そのこと自体が新宿駅の宿命であり、アイデンティティなのかもしれない。

『そうだったのか、新宿駅』関連年表

1885（明治18）年 3月 日本鉄道品川線、品川～赤羽間開通、新宿停車場誕生
品川で官鉄線との連絡運輸を開始し、新橋～品川～赤羽間で1日3往復の旅客列車を運転

1889（明治22）年 4月 果実問屋・高野商店（現・新宿高野、タカノフルーツパーラー）が新宿駅前に開店
4月 甲武鉄道、新宿～立川間開通、1日4往復の旅客列車を運転開始、新宿駅は日本鉄道と甲武鉄道の共同利用駅に
8月 甲武鉄道、立川～八王子間開業

1894（明治27）年 7月 日清戦争始まる
10月 甲武鉄道市街線、新宿～牛込間開通

1895（明治28）年 4月 甲武鉄道市街線、牛込～飯田町間開通、飯田町～新宿間で1日21往復の旅客列車を運転

1898（明治31）年 12月 淀橋浄水場完成

1901（明治34）年 8月 官設鉄道中央東線、八王子～上野原間開通
甲武鉄道、官設鉄道中央東線と旅客・貨物の連絡運輸を開始

1903（明治36）年 4月 日本鉄道豊島線、田端～池袋間複線開通
12月 東京市街鉄道、半蔵門～新宿（追分）間開通。路面電車が初めて新宿に乗り入れる

1904（明治37）年 1月 新宿駅構内改良工事始まる
2月 新宿駅構内に甲武鉄道の電車庫新設
日露戦争始まる
8月 甲武鉄道、飯田町～中野間電化。日本初の専用軌道鉄道による電車運転開始（蒸気列車と併用）

1906（明治39）年 3月 新宿駅構内改良工事竣工、甲州口（現・南口）に本屋建設
甲武鉄道電車専用ホームとして、甲州口と青梅口の2カ所にホーム設置
10月 甲武鉄道が国有化
11月 日本鉄道が国有化

1909（明治42）年 9月 中村屋が現在地に移転
12月 山手線、烏森（新橋）～品川～新宿～田端～上野間、池袋～赤羽間で電車運転開始（蒸気列車と併用）

1910（明治43）年　10月　東京地方煙草専売局工場が銀座3丁目から淀橋（現・西口）に移転し、旅客・貨物の取扱量が増加
1911（明治44）年　5月　中央本線飯田町～新宿～名古屋で直通列車運転開始
1913（大正2）年　4月　京王電気軌道、笹塚～調布間開通
1914（大正3）年　7月　第一次世界大戦始まる
1915（大正4）年　5月　京王電気軌道、新宿追分～調布間開通
1916（大正5）年　11月　新宿電車庫が火災で焼失
1919（大正8）年　3月　中央線、万世橋～東京間複線開通。中央本線の起点が東京駅になる。「の」の字運転開始
1920（大正9）年　6月　映画館武蔵野館が開館
1921（大正10）年　8月　西武軌道、淀橋～荻窪間開通（のちの都電杉並線）
1923（大正12）年　9月　関東大震災発生。本屋など駅施設・駅周辺が被災。順次不通区間が復旧
1924（大正13）年　1月　東京市営バス、乗合バス事業開始
　7月　電車ホーム改築移転、中央線電車ホームを1カ所に統合（現・15～16番線ホーム）
1925（大正14）年　4月　山手線、品川～池袋間複々線化。上り電車ホーム改築移転（現・13～14番線ホーム）
　11月　神田～上野間高架線開通
　「の」の字運転廃止。山手線環状運転に
1926（大正15・昭和元）年　9月　西武軌道、大ガードをくぐり、新宿駅前（東口）まで開業
1927（昭和2）年　1月　薪炭問屋紀伊國屋が書店に転業
　4月　小田原急行鉄道、新宿～小田原間全線開通
　西武鉄道村山線、高田馬場（仮駅）～東村山間開通
　新宿駅東西連絡地下道完成
　10月　京王電気軌道、新宿三丁目に新宿京王ビルディング竣工。1階は新宿追分駅として使用開始
　新宿駅の乗降客数が日本一になる
1928（昭和3）年　5月　中央線、新宿～中野間複々線化
　京王電気軌道、新宿追分～東八王子間直通運転開始
1929（昭和4）年　4月　小田急江ノ島線、相模大野信号所～片瀬江ノ島間開通

6月　中央線、新宿〜飯田町間複々線化、国分寺〜立川間電化・複線化
12月　京王ビルに新宿松屋デパート開店

1930（昭和5）年
3月　京王電気軌道、新宿追分駅を四谷新宿駅に改称
12月　三越が移転し新築開店

1931（昭和6）年
4月　東京市電、運転系統番号改正

1932（昭和7）年
7月　総武線、御茶ノ水〜両国間電化・複線化
10月　東京市35区に。淀橋区誕生（淀橋・大久保・戸塚・落合合併）

1933（昭和8）年
7月　中央本線、旅客列車はすべて新宿始発に
9月　中央線、飯田町〜御茶ノ水複々線化、東京〜中野間急行電車運転開始
荷物専用地下道を改築し、旅客乗換通路（現・中央地下道）使用開始

1934（昭和9）年
12月　明治通り、新宿追分〜池袋間開通

1935（昭和10）年
3月　新宿駅本屋改良工事
6月　小田急、「週末温泉急行」運転開始

1937（昭和12）年
4月　新宿駅が特別一等駅に指定される
5月　京王電気軌道、四谷新宿駅を京王新宿駅に改称
7月　日中戦争始まる

1938（昭和13）年
4月　陸上交通事業調整法公布（8月1日施行）

1939（昭和14）年
9月　第二次世界大戦始まる

1941（昭和16）年
7月　帝都高速度交通営団設立
12月　太平洋戦争始まる

1942（昭和17）年
2月　西武鉄道軌道線、東京市に経営委託
5月　東京急行電鉄誕生、小田急電鉄・東京横浜電鉄・京浜電気鉄道の3社合併

1943（昭和18）年
7月　東京都制施行し、東京都発足

1944（昭和19）年
4月　青梅電気鉄道・南武鉄道、国有化。青梅線・五日市線・南武線誕生
5月　京王電気軌道、東京急行電鉄に合併

1945（昭和20）年	5月	東京空襲により、新宿駅施設が焼失
	7月	京王新宿駅、省線新宿駅青梅口に移転
	8月	太平洋戦争終結。新宿駅周辺に闇市出現
	10月	伊勢丹3階以上が連合軍に接収される
1946（昭和21）年	2月	中央線・山手線電車に連合軍専用車を連結
1947（昭和22）年	1月	新宿駅甲州口、省線と小田急線・京王線連絡口開設
	3月	東京都23区に改編。新宿区誕生
		新宿駅中央地下道、省線と小田急線の連絡口開設
1948（昭和23）年	6月	小田急電鉄株式会社・京王帝都電鉄株式会社創立
	7月	中央本線、新宿～松本間で夜行客車準急運転開始
	10月	小田急、新宿～小田原間で特急電車の運転開始
	12月	都電、新宿終点を靖国通りに移設
1949（昭和24）年	5月	新宿御苑一般公開
	6月	公共企業体日本国有鉄道発足。省電は国電に改称
	9月	露天撤去令公布
1950（昭和25）年	8月	小田急、新宿～箱根湯本間の直通運転開始
1951（昭和26）年	9月	国鉄と富士山麓鉄道（現・富士急）が相互乗り入れ開始
1952（昭和27）年	3月	西武鉄道新宿線、高田馬場～西武新宿間が延長開通
1954（昭和29）年	10月	新宿～熱海間、週末臨時準急「あまぎ」運転
1955（昭和30）年	6月	東京都交通局、池袋～千駄ヶ谷四丁目間で無軌条電車（トロリーバス）運転開始
	10月	小田急、新宿～御殿場間直通の特別準急「銀嶺」「芙蓉」運転開始
1957（昭和32）年	10月	小田急、3000形ロマンスカーSE車運用開始
	12月	中央線に90系（101系）電車登場
1958（昭和33）年	5月	中央地下道口開設
1959（昭和34）年	3月	営団地下鉄丸ノ内線（新宿～池袋間）開通。地下鉄が初めて新宿に乗り入れる

1961（昭和36）年
9月　山手線、101系電車登場
　　　メトロプロムナード完成
　　　ビル建設のラッシュが続く
10月　サンロクトオ国鉄ダイヤ白紙改正
1962（昭和37）年
1月　営団丸ノ内線（新宿～荻窪間）開通
11月　小田急百貨店開店
1963（昭和38）年
3月　小田急、3100形ロマンスカーNSE車登場
4月　京王、地下新宿駅使用開始
8月　京王、5000系電車登場
10月　中央緩行・総武線に101系登場
12月　都電、14系統杉並線廃止
　　　山手線に103系登場
1964（昭和39）年
2月　小田急、新宿駅第一次改良工事完成。地上地下二層式ホームとなる
3月　紀伊國屋ビル落成、ビル4階には紀伊國屋ホールを開設
5月　新宿東口にステーションビル（地上8階地下3階）完成
10月　東海道新幹線開通により国鉄ダイヤ改正
11月　京王新宿駅ビル完成。京王百貨店（地上8階・地下2階）開店
1965（昭和40）年
3月　淀橋浄水場閉鎖
7月　中央本線、新宿～松本間電化完成、電車急行7往復運転開始
9月　みどりの窓口設置
1966（昭和41）年
4月　中央線、中野～荻窪間高架複々線化完成、地下鉄東西線と相互乗り入れ開始
11月　国鉄新宿駅の1日平均乗降人員が82万183人を数え、全国第1位に
12月　中央本線、特急「あずさ」が新宿～松本間で2往復運転開始
1967（昭和42）年
7月　中央線、東京～高尾間で特別快速電車の運転開始
8月　米軍燃料輸送車火災事件

1968（昭和43）年
10月　京王高尾線、北野〜高尾山口間開通
2月　都電、11系統（新宿〜月島間）廃止
4月　新宿中央公園開園
5月　京王、5000系増備車に冷房装置を搭載
8月　国電の塗色、中央線快速はオレンジ色、山手線はウグイス色、中央緩行・総武線はカナリア色に
10月　ヨンサントオ国鉄ダイヤ白紙改正、新宿駅自動券売機の切符売り場開設
　　　新宿騒乱事件

1969（昭和44）年
4月　中央線、荻窪〜三鷹間高架複々線化完成
6月　西口フォークゲリラ事件

1970（昭和45）年
3月　都電、12系統（新宿〜両国駅間）・13系統（新宿〜水天宮間）廃止

1971（昭和46）年
7月　山手線に冷房車登場
6月　超高層ビル第1号京王プラザホテル完成
　　　超高層ビル建設ラッシュ始まる

1972（昭和47）年
3月　東京中心部の国電の新性能化完了
7月　新宿発着の房総特急「わかしお」「さざなみ」運転開始

1973（昭和48）年
9月　新宿サブナード完成
10月　中央本線特急「あずさ」がL特急に指定される。食堂車廃止

1974（昭和49）年
6月　小田急多摩線、新百合ヶ丘〜小田急永山間開通
10月　京王相模原線、京王よみうりランド〜京王多摩センター間開通
　　　新宿駅改札内の列車待合所が「アルプス広場」に

1975（昭和50）年
3月　中央本線の客車列車・気動車急行電車化

1976（昭和51）年
3月　南口に新宿ルミネ開店

1977（昭和52）年
3月　西武新宿駅ビル・新宿プリンスホテル完成

1978（昭和53）年
4月　中央自動車道、大月JCT〜勝沼IC間開通。新宿〜甲府間の高速バス運転開始
10月　ゴーサントオ国鉄ダイヤ白紙改正

　　京王新線開通。新宿～笹塚間別線複々線化
　11月　新宿ステーションビル全面改装、新宿マイシティ（現・ルミネエスト新宿）開店
1979（昭和54）年　8月　中央線に２０１系登場
1980（昭和55）年　3月　都営地下鉄新宿線、新宿～岩本町間開通、新宿で京王新線と接続し相互直通運転開始
　8月　新宿駅西口バスジャック事件
1984（昭和59）年　2月　新宿貨物駅での貨物取扱廃止
1985（昭和60）年　3月　山手線・新宿駅開業１００周年。２０５系登場
1986（昭和61）年　1月　埼京線の専用ホームが完成、１～２番線に
　3月　埼京線、新宿駅乗り入れ開始
　11月　国鉄分割民営化決定。国鉄最後のダイヤ改正
　12月　この頃からバブル景気に
1987（昭和62）年　4月　新宿駅、ＪＲ東日本の管轄に
1988（昭和63）年　3月　国鉄民営化後初のダイヤ改正
　7月　「湘南新宿ライナー」２往復運転開始
　12月　中央線、昼間の普通中距離電車の新宿発着廃止
1989（昭和64・平成元）年　1月　昭和天皇崩御。新元号は「平成」に
　4月　中央線開業１００周年
1990（平成2）年　3月　小田急多摩線、小田急多摩センター～唐木田間開通
　　京王相模原線全線開通
1991（平成3）年　3月　小田急電鉄・ＪＲ東海の相互直通運転開始（新宿～沼津間）
　　「成田エクスプレス」運転開始
　　３～４番線新設、既設ホーム３～12番線が５～14番線になる
　4月　東京都庁が新宿に移転
1993（平成5）年　12月　特急「小江戸」（西武新宿～本川越間）運転開始。Ｌ特急「あずさ」にＥ３５１系登場
1995（平成7）年　5月　オウム真理教信者新宿駅青酸ガス事件

1996（平成8）年	10月	新宿貨物駅跡にタカシマヤ タイムズスクエア開業
1997（平成9）年	9月	ＪＲ東日本本社が新宿駅南側（渋谷区代々木）に移転
	12月	東京都交通局、12号線（大江戸線新宿～練馬間）開業
1998（平成10）年	3月	新宿サザンテラスオープン
2000（平成12）年	12月	東京都交通局、大江戸線全線開通
2001（平成13）年	11月	ＪＲ東日本、「Ｓｕｉｃａ」使用開始
	12月	湘南新宿ライン運転開始
2002（平成14）年	12月	埼京線恵比寿～大崎間開業、東京臨海高速鉄道りんかい線と相互直通運転開始
2003（平成15）年	2月	ＪＲ新宿駅に第3ホーム（5～6番線）新設
2004（平成16）年	4月	帝都高速度交通営団が東京地下鉄（東京メトロ）に
2006（平成18）年	3月	ＪＲ東日本と東武鉄道が相互直通運転を開始
		新宿～東武日光・鬼怒川温泉間に特急「日光」「きぬがわ」「スペーシアきぬがわ」登場
	12月	中央線にＥ２３３系登場
2007（平成19）年	3月	新宿駅再拡張、9～14番線が11～16番線に
2008（平成20）年	6月	東京メトロ副都心線開業
2011（平成23）年	3月	東日本大震災発生
2015（平成27）年	11月	山手線にＥ２３５系登場
2016（平成28）年	3月	ＪＲ新宿ミライナタワー開業
	4月	バスタ新宿、営業開始
2017（平成29）年	12月	特急「スーパーあずさ」にＥ３５３系登場
2019（平成31・令和元）年	5月	平成天皇退位。新元号は「令和」に

※編集部作成　参考　『ステイション新宿』（新宿区立新宿歴史博物館）

主要参考文献

新宿駅100年のあゆみ　日本国有鉄道新宿駅編（弘済出版社、1985年）
ステイション新宿　新宿歴史博物館編（新宿歴史博物館、1993年）
特急電車と沿線風景　新宿歴史博物館編（新宿歴史博物館、2001年）
色彩を持たない多崎つくると、彼の巡礼の年　村上春樹著（文藝春秋、2013年）
鉄道忌避伝説の謎　汽車が来た町、来なかった町　青木栄一著（吉川弘文館、2006年）
新宿センチメンタル・ジャーニー　堀江朋子著（図書新聞、2017年）
新宿駅が二つあった頃　阿坂卯一郎著（第三文明社、1985年）
新宿学　戸沼幸市編著（紀伊國屋書店、2013年）
絵葉書でつづる中央線今昔ものがたり　白土貞夫著（椎出版社、2011年）
中央線誕生　中村建治著（交通新聞社、2016年）
鉄道と街・新宿駅　三島冨士夫著（大正出版、1989年）
新宿・街づくり物語　勝田三良監修・河村茂著（鹿島出版会、1999年）

東京凸凹地形案内3　地形と鉄道　今尾恵介監修（平凡社、2013年）
昭和の東京地図歩き　壬生篤著（廣済堂出版、2013年）
完全版　新宿駅大解剖　横見浩彦監修（宝島社、2016年）
中央線がなかったら　見えてくる東京の古層　陣内秀信・三浦展編著（NTT出版、2012年）
古地図で読み解く　江戸東京地形の謎　芳賀ひらく著（二見書房、2013年）
新宿駅はなぜ1日364万人をさばけるのか　田村圭介・上原大介著（SBクリエイティブ、2016年）

鉄道ピクトリアル（電気車研究会・鉄道図書刊行会）
鉄道ファン（交友社）
鉄道ジャーナル（成美堂出版）
JR時刻表（交通新聞社）

西森　聡（にしもり　そう）
1954年東京生まれ。旅カメラマン。ヨーロッパ、とりわけドイツやスイスを中心に撮影。著書に『ぼくは少年鉄道員』（福音館書店）、『ヨーロッパ鉄道紀行 15日間で6カ国をめぐる車窓の旅』（コロナ・ブックス、平凡社）、『そうだったのか、乗りかえ駅』『そうだったのか、路面電車』（交通新聞社新書）、執筆の仕事に『世界の車窓からDVDブック』シリーズ（朝日新聞出版）などがある。

交通新聞社新書135
そうだったのか、新宿駅
乗降客数世界一の駅の140年
（定価はカバーに表示してあります）

2019年8月20日　第1刷発行

著　者——西森　聡
発行人——横山裕司
発行所——株式会社　交通新聞社
https://www.kotsu.co.jp/
〒101-0062　東京都千代田区神田駿河台2-3-11
NBF御茶ノ水ビル
電話　東京（03）6831-6550（編集部）
東京（03）6831-6622（販売部）

印刷・製本—大日本印刷株式会社

ISBN978-4-330-00119-7